코로나 현장으로 달려간 간호사들과 그 가족들의 두 번째 이야기

코로나 영웅, 대한민국을 간호하다 2

목 차

발간사 _ **신경림** 대한간호협회 회장 6

추천사 _ **정춘숙** 국회의원·국회 보건복지위원장 8

학교를 넘어 마을로 코로나19 out _ **국미경** 12

신규 간호사 그리고 COVID 19 _ **권다혜** 24

딸에게 쓰는 편지 _ **김민영** 40

마지막 순간을 함께해 주길 _ **김민주** 48

코로나19, 지난 1년을 돌아보며 _ **김민지** 54

작은 불빛이 되어 _ **김봉선** 64

침상이 비워질 때 _ **김유나** 72

보건진료소에서 맞는 코로나19의 그늘 _ **김향숙** 80

어느 날 나타난 코로나19 바이러스 _ **김혜숙** 88

언니의 사계절, 그리고 코로나19 _ **박준희** 98

코로나19가 남긴 또 하나의 기억 _ **송현주** 106

38일간의 사투 _ **심묘락** 116

코로나19를 이겨낸 인연처럼,
우리는 코로나19를 극복할 겁니다 _ **이관주** 124

나의 간호의 역사 한 페이지,
우리의 간호의 역사 한 페이지 _ **이민주** 132

목 차

간호사에서 환자가 되던 그날의 기억 _ **이선화** 142

올라갈 때 보지 못한 그 꽃 _ **이승연** 148

어려운 상황 속 꿋꿋이 자리를 지켜온 사람들 _ **이승희** 166

외부와 단절된 벼랑 속 공간에서의
슬픈 작별의 시간을 겪으며 _ **장안우** 184

우리 부부, 코로나 잡으러 갑니다 _ **장응식** 192

너에게 쓰는 편지 _ **전이화** 200

방호복을 입은 천사, 우리 엄마 _ **전혜원** 206

나의 오늘이 당신의 마지막이었음을 _ **정도건** 212

선별진료소에서 2년을 _ **조영숙** 222

사상 초유의 감염병 위기,
그 앞에 간호사로 일어선 우리 _ **조현아** 234

코로나19, 우리의 일생이 스며든다 _ **최현지** 244

발간사

신경림 대한간호협회 회장

이번에 출간하는 두 번째 수기집 〈코로나 영웅, 대한민국을 간호하다2〉는 대한간호협회가 지난해 진행했던 '코로나19 현장 스토리 2차 공모전'에 출품된 수상작들입니다.

이 책에는 코로나19라는 국가 재난상황 속에서 환자 곁을 지켜온 간호사들의 다양한 감정들이 스물다섯 편의 작품을 통해 고스란히 전해져 진한 감동을 주고 있습니다. 첫 번째 수기집 〈코로나 영웅, 대한민국을 간호하다〉에는 감염대란 초기 상황에서 바이러스와 싸우는 간호사들의 처절한 사투가 주를 이뤘다면, 이번 두 번째 수기집 〈코로나 영웅, 대한민국을 간호하다2〉에는 4차 대유행까지 오면서 사망자가 크게 늘어나는 상황에서, 가족을 대신해 고인의 마지막 길을 지켰던 간호사들의 아픔과 고뇌가 고스란히 담겨있습니다.

코로나19로 많은 이들이 이별을 경험하였고, 아픔은 지금도 이어지고 있습니다. 지금은 그나마 상황이 많이 바뀌었지만, 올해 초까지만 해도 코로나19 중환자는 입원과 동시에 보호자와 헤어져 만나지 못했습니다. 숨이 넘어가는 순간에야 방호벽 창문을 통해서 마주하게 되고, 이마저도 자가격리 기간의 보호자에겐 허락되지 않았습니다. 임종 전 환자의 가족들이 와서 유리창 너머 환자를 보며 오열하는 모습에 환자 곁을 지켰던 많은 간호사들은 같이 울었습니다. 시신을 처리하는 사람들이 음압병동에 들어올 수 없었기에 간호사들은 무거운 방호복을 입고 매일 사후처리까지 해야 했습니다.

그러나 간호사들은 말합니다. 코로나19 환자들도 누군가의 가족이고, 내 가족일 수 있다고 말입니다. 우리 간호사들은 그만두고 싶다는 생각을 할 여유도 없이, 이 고비만 넘기면 된다는 생각으로 지금까지 하루하루를 버텨왔습니다. 이처럼 코로나19 팬데믹이라는 국가 의료재난의 위기 속에서 소명감을 가지고 간호 전문직의 역할을 충실하게 이행해 온 대한민국 간호사들을 〈코로나 영웅, 대한민국을 간호하다2〉를 통해 만나실 수 있습니다.

추천사

정춘숙 국회의원·국회 보건복지위원장

코로나19 간호사 수기집 두 번째 이야기 발간을 축하드립니다.

여전히 계속되는 코로나19 유행 속에서, 오늘도 묵묵히 일선 현장에서 애쓰고 계신 간호사 여러분께 진심으로 감사의 말씀을 드립니다.

이 책에는 코로나19 환자를 돌봐왔던 대한민국 간호사의 애환이 고스란히 담겨있습니다.

코로나19 집단 감염으로 시설이 폐쇄되었던 경북 경산의 서린요양원 심묘락 간호부장 이야기는 38일 동안 눈물겨운 사투를 벌이던 현장 이야기가 생생하게 담겨있어 큰 감동을 주고 있습니다. 꼭 살아서 병동을 나가겠다던 환자들과 한 명씩 이별하면서 슬픔 속에 하루하루를 보내야만 했던 간호사들의 마음을 생각하면, 저도 가슴이 먹먹해지고 답답한 마음에 안타까움을 금할 수 없었습니다.

한 페이지 한 페이지 읽어나가면서 마주친 것은 간호사들의 사명감이었습니다. 말뿐인 사명감이 아닌 현장 속에서 살아 숨 쉬는 사명감. 완벽하진 않아도, 우리가 서서히 일상으로 돌아갈 수 있었던 것은 간호사의 숨은 노력이 없었다면 불가능했을 것입니다.

비단 코로나19와 같은 전 세계적 감염병 대유행이 아니더라도, 간호사들은 만성적으로 과중한 업무에 시달려온 것이 사실입니다. 평소 어려운 근무 환경에도 불구하고, 감염병 대유행의 소용돌이 속에서도 국민의 생명을 지키겠다는 간호사들의 헌신적인 노력은 대한민국의 축복입니다.

간호사 여러분, 감사합니다!

코로나 현장으로 달려간 간호사들과 그 가족들의 두 번째 이야기

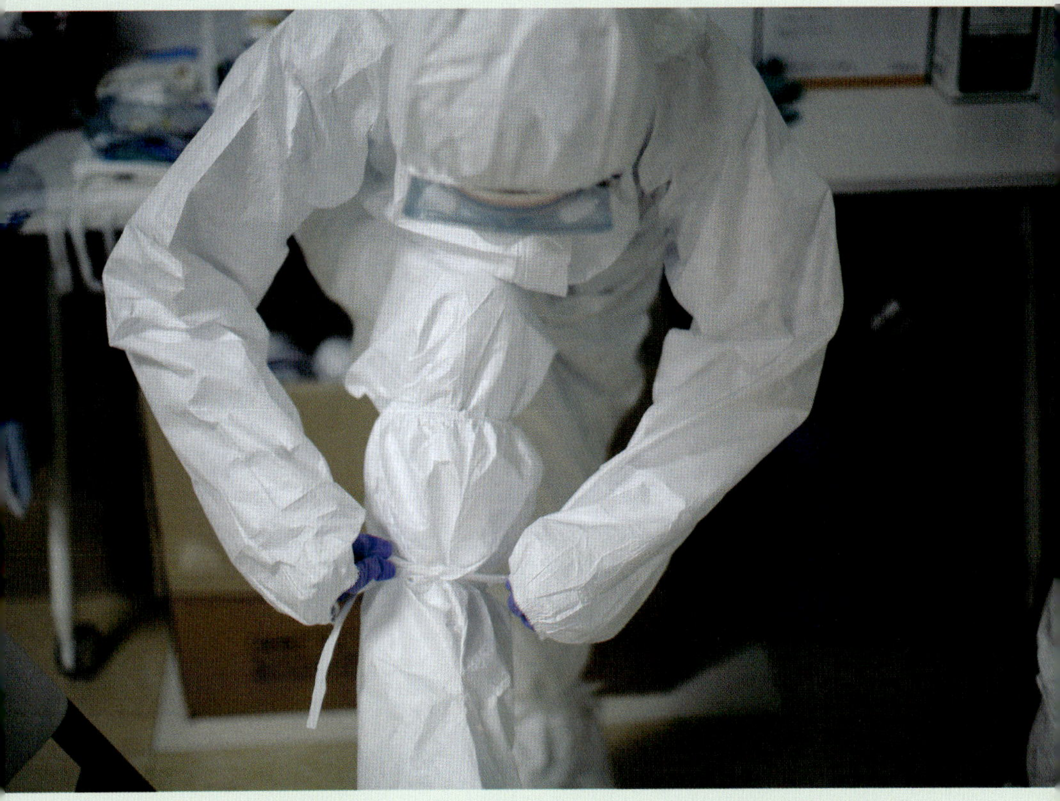

김홍식 | 대구보훈병원

#코로나19_위기에서 #고군분투_중인 #간호사

코로나19 극복을 위해 함께 애써주신 국민 여러분과
코로나19 최전선에서 환자를 돌본 모든 간호사들에게
이 책을 바칩니다.

학교를 넘어 마을로
코로나19 out

국미경 | 일산초등학교 보건교사

벌써 토요일이다. 피곤하고 졸린 눈을 비비고 출근 준비를 한다. 오늘도 보건소 코로나19 선별진료소 의료봉사를 가는 날이다. 초등학교 보건교사로 22년째 근무하면서 온갖 감염병 상황을 만났지만 작년부터 시작된 코로나19는 끝이 보이지 않는다.

학교에서 보건교사 업무 중 가장 힘든 일이라면 당연 감염병 업무이다. 나 역시 2년째 코로나19 업무폭탄으로 매일 방역업무와 초긴장 속에서 수백 명의 교직원과 학생건강을 위해 시간이 모자랄 지경이다. 주변 동료 보건샘들이 코로나19 업무 장기화로 병가나 사직을 하는 것을 보면서 나 역시 포기하지 않게 해달라고 매일 기도하며 출근하고 있다.

달콤한 주말, 집에서 쉬고 싶지만 내가 주말에 의료봉사를 가는 이유는 한 가지다. 지역사회 의료체계 붕괴가 되면 학교도 무너지기 때문이다.

작년 가을부터 나는 주말마다 무료로 코로나19 선별검사소에서 의료봉사를 자원하여 하고 있다.

처음 코로나19 의료지원을 나가고자 했을 때 교장선생님을 먼저 설득해야 했다. 보건교사가 선별진료소에서 의료봉사하는 게 단순한 문제가 아니었기 때문이었다. 안전한 시설 안에서 일한다고 하지만 혹시라도 감염되면 본의 아니게 학생들에게 감염시킬 수도 있으며, 학부모 민원으로 학교가 아비규환이 될 수 있다는 것을 알기 때문이다.

그럼에도 불구하고 내가 교장선생님을 설득하고 달려가야 한다고 판단한 것은 매스컴을 보면서 무너지고 지쳐가는 동료 의료인의 모습을 보고 너무나 가슴이 아팠기 때문이다.

같은 의료인으로서 이 전쟁에 나가서 도와야 한다는 생각뿐이었다. 또 가족을 설득하는 것도 과제였다. 아내가, 엄마가 나가서 봉사하는 것을 이해하면서도 혹시나 가족들에게 감염될까 서로 두려웠기 때문이다. 그러나 지금은 엄마의, 아내의 봉사활동을 모두 인정하면서 지원해 주고 있으니 감사하다.

출근 준비를 하고 보건소 선별진료소를 향했다. 보건소 간호사 선생님들과 인사를 하고 보호복을 입고 주차장에 마련된 판넬 안으로 들어간다. 준비도 하기 전에 사람들이 몰려온다. 내가 근무하는 곳은 워크스루 방식으로, 내부에서 긴 고무장갑을 끼고 구멍을 통해 손을 내밀어 검사를 실시한다.

이곳은 조선족이나 다문화 사람들이 많고, 오후에는 공항버스를 통해 입국한 사람들이 검사를 하러 온다. 얼굴색과 말이 통하지 않지만 나름의 바디랭귀지로 검사를 실시하는데 "안 안프게 해주세요" 하고 필리핀 여성이 또박 또박 말하는 것에 살포시 웃음이 나온다. 누구나 아프지 않게 해달라는 것은 만국의 공통인 것 같다.

계속 밀려드는 검사자에 두 다리는 이미 감각이 없고 어깨가 뻐근하다. 라벨링을 하고 밀봉을 하여 냉장고에 넣고 정리하면서 혼자 하려니 물 한 모금 마실 시간이 없다. 근무 중 가장 괴로운 건 화장실에 갈 수 없다는 것이다. 보호복을 탈의하고 다시 입는 것이 여간 복잡한 게 아니고 또 비싼 보호복을 아껴야 한다는 생각 때문이다.

어디서 울음소리가 들려서 보니, 아기 엄마가 아이를 안고 검사하러 오고 있다. 왜 불안한 예감은 적중할까. 제발 나에게 오지

마라 하는데 내 앞에 선다. 14개월 아기인데 열이 있어 검사하러 왔다는 것이다. 물론 보건교사로 근무하기 전 소아과에서 4년 동안 근무한 경험이 있어 자신은 있었지만, 근무환경 자체가 불편한 자세를 취할 수 밖에 없다보니 아기를 안전하게 검사할 수 있을지 걱정이 앞섰다. 그러나 최대한 빨리 안전하게 끝내야 해서 어쩔 수 없이 밖으로 나가 아기를 잡아달라고 한 후 검사를 마쳤다. 아기의 닭똥 같은 눈물과 콧물이 너무 사랑스럽다.

작년 가을부터 시작한 의료봉사는 방학 전에는 주말에, 방학 중에는 평일을 이용해서 하고 있다. 2년째 하는 봉사활동에, 하고 나면 몸은 많이 피곤하지만 마음은 늘 뿌듯하다. 딸이 걱정돼서인지 부모님이 자주 전화해 주시고 격려해 주신다.

그런데 퇴근하고 집에서 쉬는데 전화가 왔다. 보건소 감염병 팀장님이다. '저녁에 무슨 일이지' 하며 받는데 우리 학교 학생이 코로나19 양성 같다고 한다.

갑자기 머리가 하얘졌다. 부모에게 감염된 거 같은데 재검 중이고 양성 같다는 것이다. 일단 통화를 마치고 지난주를 머릿속에 그리고 동선을 파악해서 적어봤다.

그 주는 사회적 거리두기 단계가 1.5단계로 하향된 시기로 빼빼로 데이, 다문화교실 소방훈련, 인형극 공연, 스포츠클럽 축구활동 등 학교 행사가 몰려 있었다. 종이에 적은 활동들과 동선을 보고 있자니 울음이 날 지경이었다. 전수조사가 필요한 상황이었다. 다음날 최종 결과가 나올 때까지 토요일 밤은 잠을 제대로 잘 수 없었다.

다음날 일요일 9시... 팀장님에게 연락이 왔다. 학생 2명이 확진이라는 소식이!!

내가 파악한 동선을 팀장님에게 말했고, 추후 역학조사관에게 연락이 왔다. 전교생과 전 직원 전수조사를 할 테니 학교에 임시 선별진료소를 설치하고 준비하라고. 드뎌 코로나19 상황이, 내가 늘 상상하던 상황이 일요일 아침에 펼쳐치고 있었다.

학교 관리자에게 보고 후, 전 직원 비상연락망을 동원하고 출근하여 이전에 세워놨던 계획서대로 역할분담 내용을 교직원에게 전달한 뒤 검사자 명단 작업을 시작하였다.

그 사이 교직원들은 1층 본관 마당에 책걸상을 내놓고 세팅, 학부모님들에게 상황 전파 및 학년별 검사 방법과 시간 문자안내, 방역물품 세팅, 외부인 차단, 비상상황실 마련, 민원응대 등을 실시하였다. 잠시 후 보건소 검사팀이 도착하였는데 오신 선생님들이 모두 나와 함께 보건소에서 봉사하면서 알게 된 분들이었다.

우리 학교 앞마당 선별검사소에서 그분들을 다시 만날 줄 누가 상상이나 할 수 있을까.

만약 내가 의료봉사 없이 처음 그분들을 만났다면 너무나 두렵고 무서웠을 것이다. 그런데 늘 같이 봉사하던 간호사 선생님들을 만나니 그 심각한 상황에서도 오랜만에 친구를 만난 것처럼 너무나 반가워서 나도 모르게 펄쩍 뛰었다.

보호복 넘어 서로 눈빛으로 반가운 마음을 표시하고 본격적인 검사가 시작되었다. 먼저 교직원 검사를 실시하고, 그런 다음 울고불고 도망치려는 저학년 학생들을 다독이며 학생검사를 진행하였다.

검사하면서 챙길 일은 왜 이리 많은지, 교직원 명단은 사전 작업해놨는데도 자꾸만 추가되는 사람들로 인해 명단 작업 자체도 보통 일이 아니었다. 또 자녀들이 쉬는 일요일에 학교에서 검사를 하니 정문과 후문 앞에 학부모들이 모두 모여들어 전선 위의 참새처럼 덕지덕지 붙어서 걱정스러운 말들을 나누는 모습으로 난리가 나서 통제를 하는 것도 참 어려웠다.

그래도 오신 간호사 선생님들이 같이 선별진료소에서 일한 보건샘이라고 많이 배려하고 도와주셔서 정말 고마웠고 잘 마무리가 되었다. 세상은 혼자 사는 게 아니라는 것을 나는 이번 일을

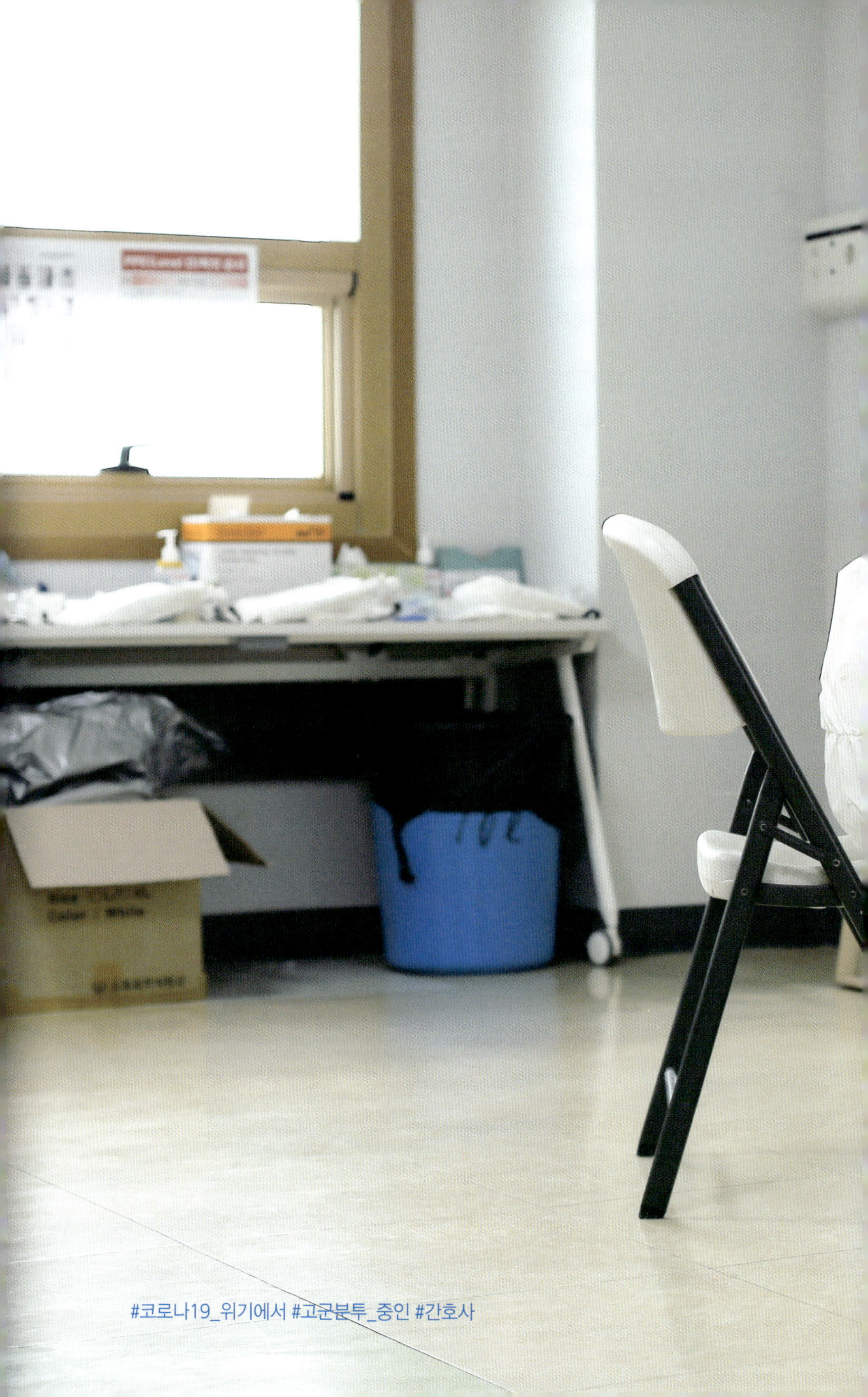

#코로나19_위기에서 #고군분투_중인 #간호사

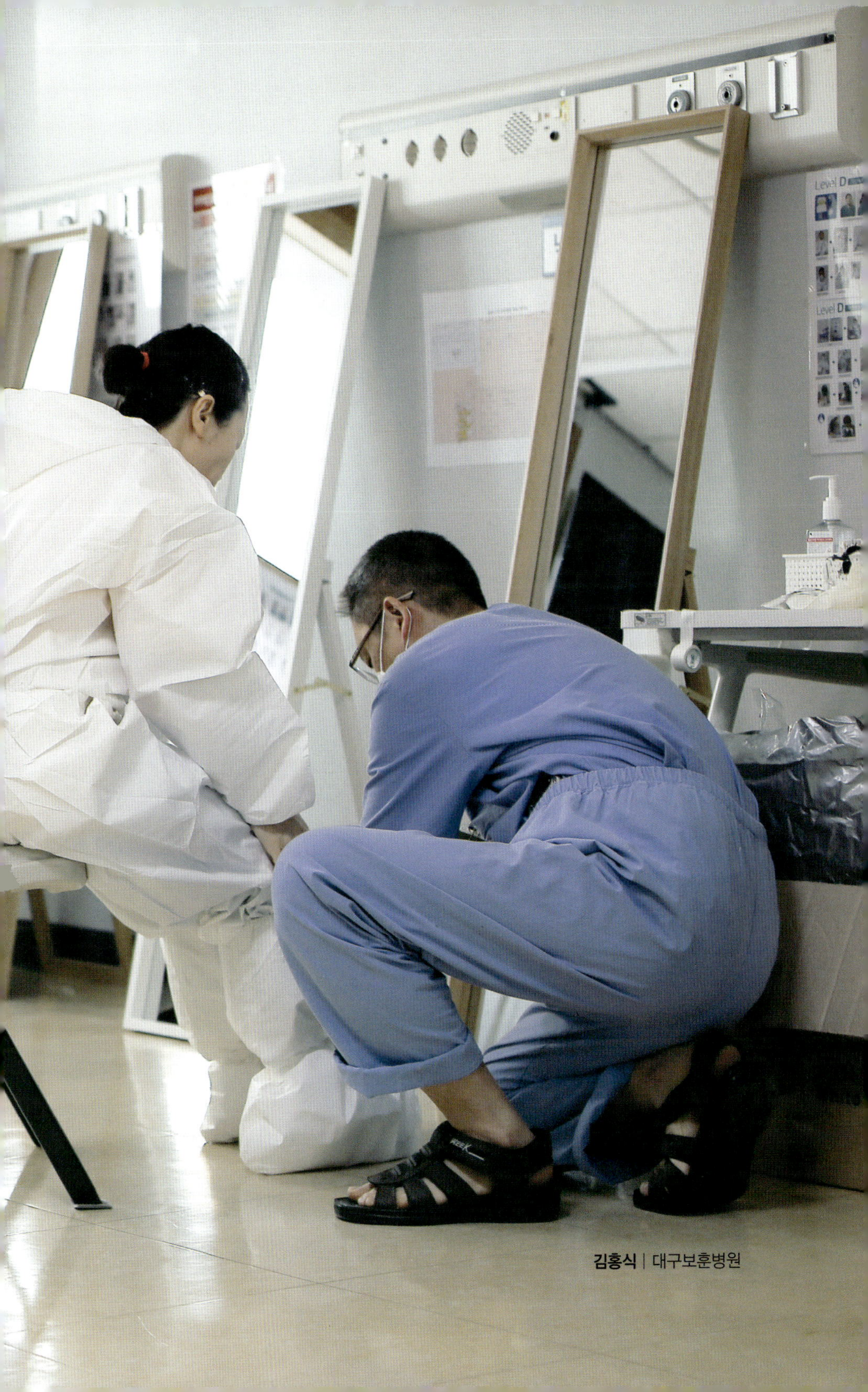

김홍식 | 대구보훈병원

통해 알았고 내가 의료봉사한 것이 너무나 큰 도움이 되었다.

일요일 온종일 검사를 마치고 정리하고 교육청에 보고서를 제출하고 나니 저녁이 되어 퇴근하였다. 그날 뛰어다니느라 얼마나 바빴는지 하루 만에 체중이 2kg이나 빠졌다. 그래도 서로 협조가 잘되어 잘 마무리되었고 그 이후 잡다한 행정업무로 며칠 고생하고, 2주 후 자가격리 학생과 교직원이 모두 음성으로 나온 뒤에야 나는 비로소 제대로 된 잠을 잘 수 있었다.

또 다행인 건 교장선생님께서 선별검사소 의료봉사를 적극 지지하시게 된 것이다. 학교에서 간호사 선생님들이 선별진료소에서 같이 일한 동료들이고 이번에 큰 도움이 되었다고 하시니 긍정적으로 바뀌신 일이다.

나 또한 이번 일을 계기로 주변의 보건샘들에게 보건소나 임시선별검사소에서 의료봉사한 것이 학교 확진자 발생 시 업무처리에 큰 도움이 되었다고 알리는 전도사가 되었다. 같은 동료 보건샘들 중에서도 의료봉사를 못마땅하게 생각하시는 분들이 있어 너무 안타까웠는데 좋은 계기가 된 것 같았다.

그 이후에도 나는 틈나는 대로 의료봉사를 하였다. 그런데 어찌하여 주변에서 알렸는지 우연히 매스컴을 통해 전국으로 방송이 나가게 되었다. 순수한 마음으로 시작한 봉사가 주변에 알려지면서

늘 같이 봉사하던 간호사 선생님들을
만나니 그 심각한 상황에서도
오랜만에 친구를 만난 것처럼
너무나 반가워서 나도 모르게 펄쩍 뛰었다

동참하는 선생님들도 생기고 직장에서도 많은 응원을 받았다.

그 후 의료봉사를 마치고 버스를 타고 퇴근하기 위해 지나가는데 마침 내가 좋아하는 붕어빵 노점이 있어 허기진 배를 달래려고 붕어빵을 사 먹는데 사장님이 알아보시면서 "좋은 일 무료로 하시는데 저도 붕어빵 서비스로 더 드리니 많이 드세요" 하시는 거다. 나는 세상을 다 얻은 것처럼 너무 기분이 좋았다. 뜨거운 붕어빵을 호호 불면서 너무나 감사히 맛있게 먹고 버스를 타고 오는데 피곤함은 어디론가 달아나고 행복한 미소로 웃고 있는 나를 발견했다. 학교 보건교사를 넘어 마을을 지키는 이런 마음이라면 코로나19도 언젠가는 지구를 떠나지 않을까 기대해 본다.

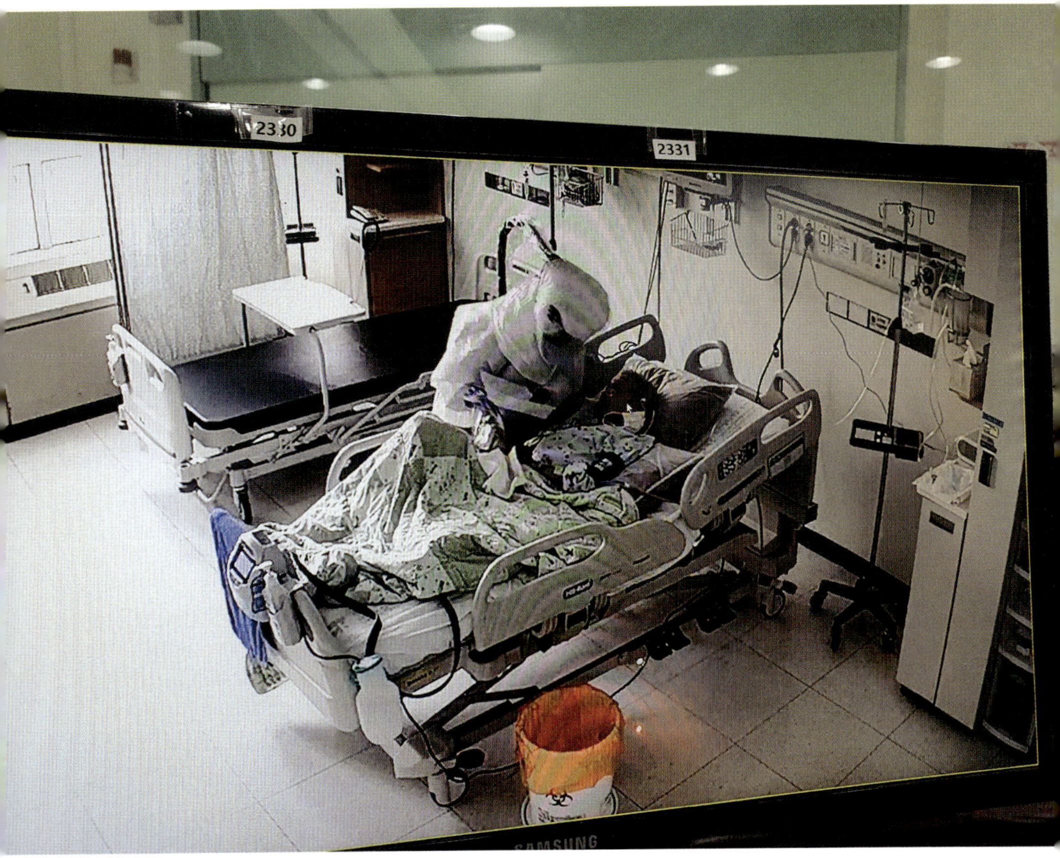

권명희 | 순천향대 부천병원

#편지읽어주는 #간호사

신규 간호사 그리고 COVID 19

권다혜 | 청주의료원

코로나19병동에 근무한 지 벌써 1년이 다가온다. 사계절 내내 조용할 날이 없었다. 여름에는 더위, 장마, 습함과 싸워야 했고 겨울에는 히터의 숨 막힘과 싸워야 했다. 야속하게도 코로나19는 좀 나아질까 싶으면 다시 심해지고 이제 숨 좀 돌릴 수 있을까 하면 환자들이 물밀려 오듯 들어왔다.

보통 입원실도 아닌 격리병동 특성 때문인지 환자들 역시 일반병동 때와는 다르게 더 혼란스러워했다. 24시간 돌아가는 음압기 소리로 인한 수면장애로 귀마개와 수면제로 사투를 벌이는 환자, 창문을 그저 바라보기만 하며 답답함을 호소하는 환자, 먹고 싶은 음식을 먹지 못해 속상하다며 우는 환자, 한국말을 전혀 못 하는 외국인 환자들, 정신질환을 앓고 있는 환자, 몸을 거동하기 힘든 노인, 태어난 지 1년도 채 되지 않은 아이들 그리고 그들을 보살피기 위해 함께 한 코로나19에 감염되지 않은 보호자 등 많은 분들이 오고 갔다.

아무래도 증상이 있는 환자들이 주로 입원을 하다 보니 그들의 주증상 호소에 초점을 둬서 간호를 제공해야 했고 더 나아가 그들의 정서적 지지까지 해줘야만 했다. 이 때문에 정말 많은 환자 사례와 다양한 에피소드들이 생겨났다. 이제부터 그 이야기를 몇 가지 풀어보고자 한다.

잊지 못할 첫 '치료 중 환자 사망(expire)'

갑자기 비상 알람이 울렸다. '00 요양병원 50명 집단 감염.'

인구가 수도권처럼 많지 않은 근무 지역에서 집단 감염 50명이라는 비상재난문자는 꽤 충격적이었다. 심지어 요양병원이라니 가슴이 철렁했다. 솔직히 말하면 그날 출근하는 것조차 두려웠다. 아니나 다를까 출근하니 병동팀장님, 수선생님, 감염관리팀 등 병실 배치와 준비에 정신이 없었다. 전 듀티 선생님들 역시 퇴근하지 못한 채 환자들의 입원을 함께 대거 받기 시작했다.

그날따라 왜 그렇게 날은 덥고 습했는지 땀이 고글과 마스크를 타고 흘렀다.

절망적이게도 요양병원 환자 특성상 절대안정(bed ridden) 해야 할 환자들이 상당히 많았다. 기저 질환은 말할 것도 없을뿐더러 80대 후반부터 90대까지 정말 많은 노인이 입원했다. '일반

요양병원이었으면 간병인이라도 있어서 기저귀 관리나 식사 제공 및 다양한 중재를 상시로 해줄 수 있었을 텐데'라는 아쉬움만 가득했다. 입원한 환자들은 일반식사를 할 수 있어도 숟가락조차 제대로 들 수 있는 분이 거의 없었다. 간호사들은 식사할 수 없는 노인에게 위관영양(L-tube feeding)을 하고 약을 먹이고 30분간 앉혀놔 소화를 시키고 나서야 식사 제공을 마칠 수 있었다. 일반식사를 하시는 분들은 숟가락으로 일일이 밥을 떠먹여야 나갈 수 있었다. 기저귀도 갈아야 했고 주사 및 산소 등 정말 많은 중재의 연속이었다. 그중에서도 가장 연세가 지긋한 할머니가 있었다. 치매 환자여서 그런지 우리를 보면 가끔 "못된 년, 나쁜 년, 00년!"이라며 소리를 지르거나 밥을 밀치기도 했다. 할머니는 욕창 및 낙상 고위험군이다 보니 2시간마다 체위변경이 필수였고, 매번 기저귀를 확인해 갈아주었다. 기저귀를 갈 때마다 조그마한 욕창이라도 생길까 등마사지(back massage)를 제공해야만 했고, 그 때마다 어김없이 할머니니는 본인을 때리는 줄 알고 욕을 마구잡이로 뱉었다.

"환자분, 저희가 때리는 게 아니라 뒤쪽도 순환 잘 되게 마사지 해 주는 건데 왜 자꾸 욕을 하세요. 저희한테 욕하지 마세요."

나도 모르게 서러움에 복받쳐 언성을 조금 높였다. 괜히 머쓱해 하는 할머니를 보며 미안함이 몰려왔고, 괜히 자책까지 이어져 할머니께 아까 소리 높여서 미안하다고 사과하기도 했다.

할머니께서는 슬하에 자녀가 있으셨는데, 면회를 갈 수도 없는 보호자들은 속상해하며 수시로 간호사실로 전화하기도 했다. 병동 안에서나 간호사실 밖에서나 요양환자 관련 일로 늘 치열했고 시간이 지날수록 점점 모두가 지쳐갔다.

그러던 어느 날 할머니의 산소포화도가 급격히 떨어지고 있었다. 그래서 비재호흡마스크(Reserve mask)의 산소량을 최대치로 올렸다. 다행히도 곧잘 산소포화도가 안정되었다. 걱정되어 얼굴을 물티슈로 닦아주며 "할머니 기운 내세요"라고 한마디 했다. 그때 할머니가 말씀은 없으셨지만, 고개를 끄덕끄덕 거리셨다. 대꾸를 해준 것만으로도 너무 안쓰럽기도 고맙기도 했다.

얼마나 지났을까 할머니의 혈압이 하루하루 떨어져 갔다. 이미 혈압유지를 위해서 수액도 많이 들어가고 있었지만, 그것으로는 역부족이었다. 하루하루 안색도 안 좋아지고 더 야위어 가는 모습이 안타까웠다. 할머니는 그렇게 며칠을 겨우겨우 이겨냈다.

아침에 출근하니 할머니가 조금은 호전되어가고 있는 것처럼 컨디션이 좋아 보였다. 그런데 평소처럼 정규 라운딩을 돌 때쯤 모니터의 알람이 반짝거렸다. 할머니 상태가 급격하게 안 좋아지고 있었다. '아침까지만 해도 정말 괜찮았는데 왜 이러지?' 하며 초조해져 갔다. 끝없는 보고(notify)로 안에서나 밖에서나 정신이 없었다. 정신이 없던 와중 의사선생님은 expire 조짐이 보이니 준비해야 할 것 같다고 말씀하셨고, 간호사실에서는 보호자에게 급하게 연락을 했다. 연락한 지 얼마 안 돼 할머니는 그렇게 갑자기 expire 하셨다.

자녀분이 급하게 병원으로 뛰어오셨다. 장례절차를 설명하니 병동에 들어가서 할머니와 인사를 하고 싶다고 하셨다. 레벨D 착·탈의를 교육했고 의사, 간호사, 그리고 보호자 이렇게 할머니 곁으로 들어왔다. 보호자가 할머니의 손을 잡고 흐느끼며 울었다. 그것이 나의 임상 생활에서 첫 expire였다.

코로나19 사망자에게는 더 많은 바이러스가 방출되기 때문에 보호자는 할머니를 꼭 안아줄 수도, 제대로 쓰다듬어줄 수 없었다. 나는 그저 옆에서 바라보며 흐느끼는 보호자를 토닥거려주는 것밖에 해줄 수 없었다. 나 역시 눈시울이 붉어졌고 눈물이 마스크를 타고 흘렀다.

보호자를 내보내고 코로나19병동에서 맞는 장례 과정을 처음으로 지켜보며 할머니를 보내드렸다. 할머니가 간 자리에 있던 할머니의 기저귀, 각종 물품을 정리하며 할머니가 했던 욕까지 생각났다. 신규였던 나에게 환자를 보낸 경험이 참 많은 감정을 불러일으켰고 먹먹했다. 부디 할머니가 그곳에서는 아프지 않고 평안하게 계시길 바라며 기도했다.

정신질환 환자의 COVID-19 이야기

정신병동(NP)에서 확진을 받아 입원실에 온 환자가 있었다. 환자의 진단명은 Schizophrenia, 조현병이었다. NP 환자는 학생간호사 신분으로 실습할 때만 만나봤지, 의료인과 환자로서는 처음이었기에 어떻게 대하면 좋을지 생각이 많아졌다.

코로나19 환자가 병동에 입원하면 기본적으로 입원조사를 시행하고 활력징후(V/S, vital sign) 및 검사(Lab)를 위해 혈액을 채취한다. 과연 NP 환자에게 이 과정을 무사히 진행할 수 있을지 걱정이 앞섰다.

나의 걱정은 현실이 되었고 환자의 무의식적 행동(acting out)은 심했다. 환자는 주먹질하는 시늉을 하듯이 폭력적인 모습도 보였고, 소리를 지르며 욕을 많이 하셨다. 설상가상으로 화장실조차 제대로 해결해 줄 수 없었다. 보호자 여건도 좋지 않았기에 간호사들이 24시간 주의하여 지켜봐야 했고 다른 환자들과 상기 환자를 위해 1인실 병동에서 생활하게 되었다.

환자는 정상적인 대화도 안 되는 마당에 병동을 어지럽히느라 정신이 없었다. 그 때문에 우리는 수시로 병실에 들어가야 했다. 환자에게 밥과 약을 먹이는 것조차 쉬운 일이 아니었다. 기저귀를 수도 없이 갈아야 했고 간호사들이 들어가면 때리는 시늉을 하거나 소리를 질렀다. 모두가 밤새 환자를 주의 깊게 지켜봐야 했고, 그 고생은 이만저만이 아니었다. 정신병동에서처럼 상황상 다른 활동으로 전환할 프로그램도 진행할 수 없고, 아직 입원 기간이 꽤 남았는데 정신병동 환자가 코로나19 격리병동에서 잘 견뎌낼 수 있을지 걱정이 많이 되었다.

NP 환자 특성 때문인지 밤마다 acting out이 심했다. 나이트 근무를 할 때마다 들어가면 변을 지리고 있었고 침상, 바닥 등에 문지르느라 정신없었다. 병동 안에 있는 물품부터, 화장실

#코로나19_위기에서 #고군분투_중인 #간호사

김홍식 | 대구보훈병원

휴지까지 전부 풀어헤쳐 꽁꽁 싸매고 있었다. 솔직히 매번 환자 병동 문을 열기가 두려웠다. CCTV를 보고 바로 들어가도 환자가 병실을 난장판으로 만드는 속도를 따라갈 수가 없었다. 들어갈 때마다 환자를 닦이고 옷을 갈아입히고 또 모아놓은 쓰레기 더미를 정리하는 것 역시 쉬운 일이 아니었기에 그저 너무 힘들다고만 생각이 들었다. 그래도 의료인이라는 무거운 책임을 지고 있는 사람으로서 그저 환자에게 편안하고 안전한 환경을 만들어주며 해줄 수 있는 간호를 제공하는 것이 우리가 최선을 다하는 방법이었다.

처음엔 정신질환이 있다는 것을 알면서도 협조가 잘 안되는 환자를 보면서 답답하기도 하고 그저 야속하기만 하던 때도 있었다. 하나님이 나의 마음을 읽으신 걸까. 집에 와서 휴대전화를 하며 쉬고 있는 와중에 알 수 없는 알고리즘으로 〈조현병 환자 체험기〉라는 영상을 보게 되었다. 영상을 보고 간접적으로나마 접한 체험 후기는 혼란스럽기보다는 무서웠다. 왜 이 환자는 우리를 이토록 힘들게만 할까 하는 생각이 사라지고 환자의 상태가 이해되고 혹시 내가 환자를 너무 사무적으로만 대한 건 아닌가 하는 생각이 들었다. 아무도 없는 1인실 병동에서 얼마나 두려웠으면 그랬을까, 얼굴도 제대로 보이지 않는 하얀 방역복을 입은 낯선 사람들의 말이 얼마나 받아들여지기 힘들었을지 공감이 되었다.

그 후 환자를 향한 나의 태도는 180도 바뀌었다. 환자의 말을 들어주고 전보다 한결 더 나은 반응을 해주었다. 하지만 이를 환자가 알아줄 리는 없다. 그렇다고 알아주기를 바라지도 않았다. 입원 기간동안 환자의 증상은 여전했지만, 서서히 하얀 방역복을 입은 의료진들에게 미묘한 차이지만 조금은 덜 공격적인 태도를 보였다. 퇴원하는 그날까지 환자의 태도를 받아들이는 건 정말 어려운 일이었지만 그래도 집에 간다는 생각에 기뻐하시는 모습을 보며 마중을 했다.

이곳에 입원하는 동안 사실 환자와 제대로 된 라포 형성도 못하고 대화를 이어가지도 못했다. 그럼에도 불구하고 분명한 것은 그 환자 덕분에 나는 환자 입장을 더 이해하고 어느 방법으로든지 환자와 좀 더 교감할 수 있는 간호사로 성장할 수 있었다는 점이다.

비행 청소년의 COVID-19 이야기

한동안 입원환자 중 중장년층이 주를 이루던 때가 있었다. 그 와중에 19살 청년이 입원한다는 소식을 들었다. 외국 생활을 하다 보니 만 나이로 19살로 살고 있고, 한국에서는 20살이었던 그 청년을 나는 잊을 수가 없다.

외국에서 학교에 다니던 이 환자는 입원했을 때부터 병실에 담배를 가득 안고 왔다. 격리병동 특성상 화재 위험성의 소지가 보이는 물품은 전부 가지고 있다가 퇴원 시에 돌려준다. 이를 설명하자 환자는 다짜고짜 불합리하다며 영어로 소리를 쳤다. 당황스러웠다. 오랜 사투 끝에 환자를 진정시키고 동의하에 담배와

라이터를 가져왔다.

땀을 뻘뻘 흘리며 입원 절차를 마무리하고 나오는 그 순간 간호사실에 전화벨이 울렸다. 아까 그 환자였다. 알아들을 수 없는 언어들을 쏟아 뱉으며 환자는 불같이 화를 냈다. 입원하는 환자의 대다수가 처음에 입원하면 코로나19에 걸렸다는 사실에 충격을 받기도 하고, 검사 결과를 부정하는 경우가 많다. 이 환자 역시 너무 부당하다고 느껴졌는지 이를 다소 폭력적으로 표현하기 시작했다. 병실 물품을 던지려고만 했고 환자와 의료진 모두가 위험해질 수 있기 때문에 의료진 여럿이 들어가 다칠만 한 물건들을 모두 치워야 했다.

환자는 3~5분 주기로 전화를 하며 우리를 힘들게 했다. 우리는 최대한 온화하게 환자를 다독이며 말했다.

"환자분, 지금 밖에는 환자분 말고도 코로나19에 걸린 환자분이 많아요. 자꾸 전화하시고 저희에게 폭언이나 폭력적인 행위를 하실 시에는 저희가 업무를 보는데 차질이 생길 수 있으니 저희를 조금만 이해해 주세요."

환자는 대답했다.

"그게 무슨 소리예요. 솔직히 외국보다 환자 수도 적은데 뭐가 그렇게 힘든 척이에요? 한국은 지금 500명이지만 외국은 몇만 명이 걸렸어요, 그리고 당신들 돈 받고 일하는 거잖아요. 뭐가 문제에요?"

그 말을 듣자마자 머리가 멍했다. 어느 환자도 코로나19 의료진의 모든 행위를 돈 받는 일이라며 당연시하는 분은 없었는데 충격이었다.

뭐라고 얼버무렸는지 기억도 잘 안 난다. 환자와의 대화를 간호일지에 기록하고 수선생님께 보고했다. 나는 내심 수선생님이 호통이라도 치면서 한마디해 주셨으면 좋겠다고 생각했다. 하지만 수선생님은 환자의 상태를 파악하시고 각종 금단현상, 병식에 대한 낮은 이해도, 그리고 미성년자였던 점에 초점을 두어 우리에게 환자에게 맞는 의사소통, 대처법에 관해 설명해 주시고 간호사들을 다독여 주셨다.

후에 보안(security) 절차도 더 체계적으로 마련되었고, 선배 선생님들의 환자를 대하는 태도를 보면서 연륜이 참 대단하다고 생각했다.

환자는 여전히 폭력적인 언행을 보였다. 베테랑인 연차가 높은 선생님들 역시 감정노동을 심하게 경험했다. 그래도 의료인이라는 이름으로 우리 일을 해야 했다.

우리의 여러 가지 노력이 보이기 시작했던 걸까. 환자가 달라지고 있는 것이 눈에 띄게 보였다. 들어가는 의료진마다 환자와 대화를 하며 다독이기도 하고, 응원해 주기도 했다.

그 뒤로 의료진이 들어가도 경계하는 태세 없이 우리를 반기고 힘드시겠다며 감사 표현을 하기 시작했다. 솔직히 너무 놀랐다. 속으로 그 환자만큼은 우리가 무슨 짓을 해도 앞으로 절대 변하지 않을 사람이라고 단정 지었었다. 매우 프로답지 못한 마인드였고 그저 너무 감정적이었다. 선생님들을 보면서 머리는 이성적이고 가슴은 감성적인 대처가 이런 것인가 생각이 들었다.

우여곡절 끝에 그 환자의 퇴원일이 다가왔다. 마지막 날 우리를 보며 환자가 서툰 한국어로 말했다.

"선생님들, 나중에 제가 하는 일이 잘 되게 되면 꼭 보답할게요. 고마워요."

요즘 말로 '가슴이 웅장해진다'라는 표현은 이럴 때 쓰라고 만들어진 걸까 생각이 들었다. 그렇게 잊지 못할 청년을 보내고 선생님들 모두가 무사히 지나갈 수 있음에 홀가분하기도, 감사하기도 했다.

코로나19병동에 배치받고 잘 적응할 수 있을지 걱정이 많았다. 뉴스로만 보던 코로나19 바이러스와 이젠 직접 싸워야 한다는 생각에 막막하기까지 했다. 나도 텔레비전에 나오는 것처럼 땀으로 범벅되고 이마와 콧등에 빨간 자국이 새겨지게 되는가 하는 생각밖에 없었다.

그런데 막상 들어오니 그런 생각이 들 새 없이 선생님들이 환자를 위해서 온몸 바쳐가며 일을 하고 계셨고, 경이로운 눈으로 그들을 보고 있었다.

본격적으로 업무에 투입이 되고 레벨D를 입고 병동에 들어가니 막상 땀 흘리고 자국 나고 이런 것들은 전혀 신경도 쓰이지 않았다. 오히려 직접 환자를 대면하니 환자의 증상과 대화에 집중하는 순간들이 많았다. 그들에게 필요한 중재를 제공하고 그들이 회복해가는 모습을 보면서 뿌듯함을 느꼈고, 감사를 표하는 환자들에게는 오히려 우리가 더 감사함을 느끼게 되었다.

그동안 환자와 함께 웃는 날도 우는 날도 있었고 투닥거리는 날도 있었다. 물론 다른 병동에서도 느낄 수 있는 감정이었지만 모두가 처음 겪는 낯선 질병인 탓인지 왠지 모르게 더 감정적으로 고조되는 순간들이 많았다.

병동 선생님들, 그리고 환자분들, 더 나아가 많은 응원을 보내주신 주위 사람들 덕분에 '으쌰 으쌰' 헤쳐나갈 수 있었고 지금까지 버틸 수 있었다. 코로나19와 싸우는 전국에 계신 의료인분들, 간호조무사 선생님들, 영상팀, 시설관리팀, 진단검사팀, 청소 여사님들 모두 존경을 표하고 싶다.

코로나19가 종식되고 마스크 없이 모두의 밝은 미소를 볼 수 있는 대한민국이 되기를 간절히 희망한다.

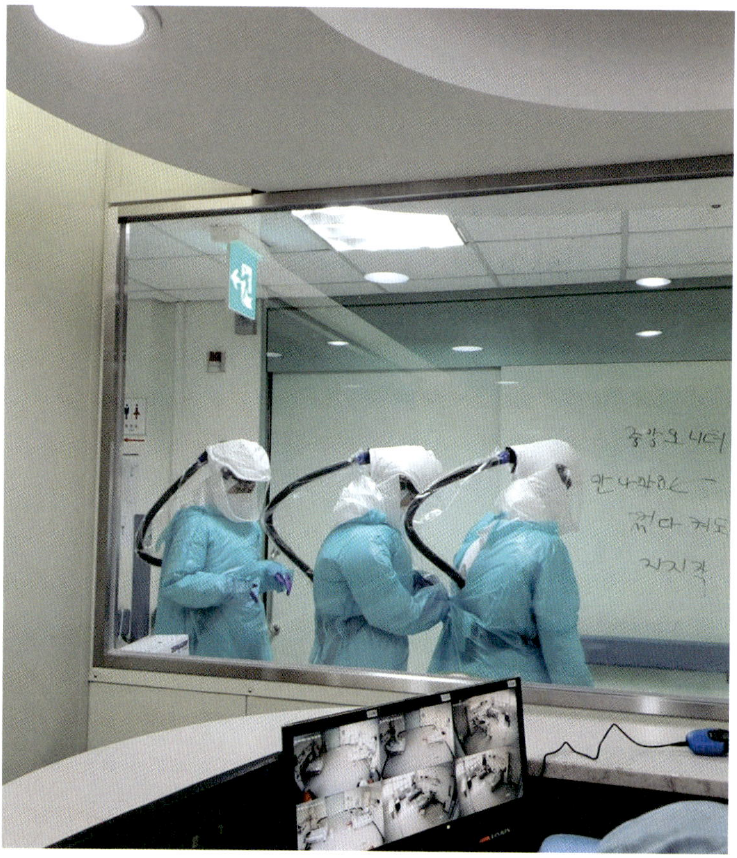

권명희 | 순천향대 부천병원

#서로묶어주기

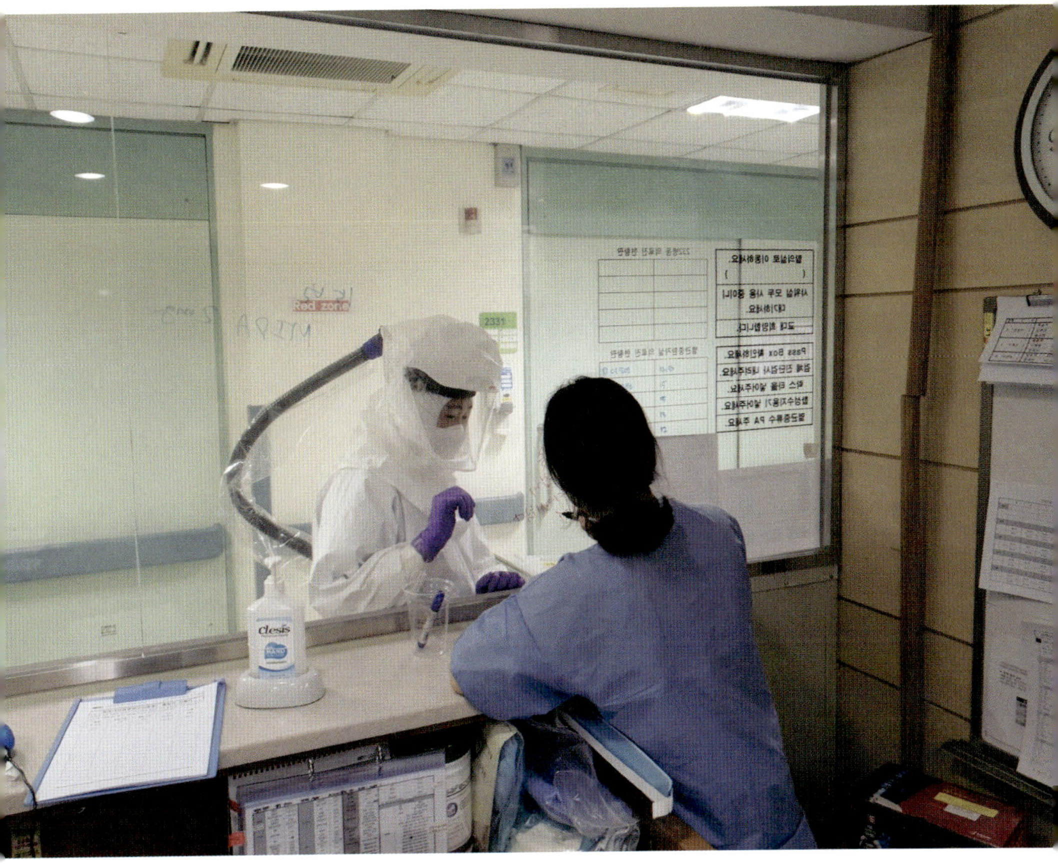

권명희 | 순천향대 부천병원

#글로소통

딸에게 쓰는 편지

김민영 | 인천의료원

민영아. 너는 어렸을 때부터 남을 위해 봉사하는 삶을 살고 싶다는 꿈을 가진 아이였단다. '민영이는 나중에 뭐가 되고 싶어?'라고 물어보면 항상 의사, 간호사, 성직자라고 이야기하곤 했을 정도였으니까 말이야.

그렇게 정말 너는 간호사가 되었어. 다른 병원들을 선택할 수도 있었지만 너는 의료원을 선택했지.

코로나19병동에서 일하게 되었다는 이야기를 듣고 나서 TV에서 코로나19병동에서 일하는 의료진들의 모습을 보았을 때 '우리 딸도 저렇게 힘들게 일하겠지'라며 가슴이 아팠단다. 더욱이 코로나19가 장기화되면서 거의 1년 정도 코로나19병동에서 일하는 날이 길어지게 되었고, 너는 지쳐서 오는 날이 더 많아지는 것 같아 걱정이 되었어.

"엄마. 나 번아웃인가 봐. 요즘 좀 힘드네"라고 말을 하는 너를 볼 때마다 무슨 말을 해줘야 위로가 될지 많이 고민하게 되었어.

유난히 퇴근이 늦었던 어느 날 가녀린 어깨가 축 처져서 현관으로 들어오는 널 봤을 때 정말 깜짝 놀랐단다. 온몸은 땀범벅 되어 옷까지 젖어있었고 이마에는 고글을 쓴 흔적이 그대로 남아 움푹 패어버린 채 지친 기색이 역력하더구나. 그 후에 너의 말이 더 마음 아팠단다.

"엄마, 나 오늘 화장실도 한 번도 못 가고 물도 못 마시고 밥도 못 먹었어. 검사받는 어떤 분은 아프다고 나를 때리시더라" 하며 씁쓸하게 웃는 너를 보며 가슴이 찢어지는 것 같았었어. 안쓰럽기도 하고 화가 나기도 하고 대견하기도 하고 정말 여러 감정들이 고루 얽혀 무슨 말을 해야 할지 모르겠더라. 그날 이후 TV에 코로나19 현장에서 일하는 의료인들을 보면 더 마음이 아프고 그걸 보는 가족들은 얼마나 애가 탈까 생각하는 날이 많아졌어.

어떤 날은 네가 오늘 안타까운 일이 있었다며 이야기를 꺼냈어. 어떤 환자분이 입원을 했는데 아내분이 코로나19 확진 중에 돌아가시게 되었고 환자분은 접촉자로 검사받고 확진을 받아 바로 입원을 오게 되어서 장례식장에도 가시지 못하게 된 이야기를 했어. 그러면서 그 환자분께서 말씀하시기를 영정사진도 못 찍어서 핸드폰에 있는 사진 중에서 골라야 하는데 연세가 많으셔서 하는 법을 몰라 도와달라고 하셨고, 방호복 입은 상태에서 사진을 같이 보며 사진을 골라드리는데 정말 마음이 아팠다고 이야기를 했지.

또 어떤 날은 네가 풀이 죽어서 퇴근을 했기에 무슨 일이냐고 물어보니까 같이 일하는 후배가 출근을 하려고 인천의료원으로 가달라고 했는데 택시 기사가 표정이 일그러지며 거기 왜 가냐고 물어봐서 출근한다고 하니 화를 내며 재수 없으니까 당장 내리라고 했다는 이야기를 들었다고 했어. 그 이야기를 하는 너의 표정에는 정말 많은 생각들이 담겨있는 듯했어.

사실 너에게 말을 하지 못했지만 엄마 주위 사람들도 그 택시 기사분처럼 확진자를 치료하는 딸과 같이 생활하는 엄마를 불안하게 생각하는 분들도 있었어. 택시를 탄 간호사 선생님이 얼마나 억울하고 당황스럽고 속상했을지 그 마음이 느껴져서 더욱 마음이 아프고 화가 났단다. 그 이야기는 너에게 꽤 상처가 된 채 지나갔어.

출근하는 너에게 해줄 수 있는 말은 "오늘도 고생하렴. 조심하고 힘내라" 정도였어. 너는 항상 걱정 말라고 말했지만 내색은 안 해도 본인은 얼마나 걱정되고 두려울지 그 마음을 다 헤아릴 수가 없어 아빠와 엄마는 애가 탔고 하루하루 기도하며 보냈단다.

그렇게 힘든데 그만두지 않고 왜 계속 일할까 생각하던 중에 가족끼리 저녁식사를 하며 이런저런 이야기를 나누다가 네가 코로나19병동에서 일하면서 환자한테 제일 많이 듣는 말이 "고생 많으시네요. 가족들이 걱정하지 않나요?"라는 말이라고 한 이야기 기억나니? 그래서 엄마와 아빠가 너에게 뭐라고 대답했냐고 물으니 너는 웃으면서 "누군가 해야 할 일이잖아요. 저는 간호사니까 당연히 해야 할 일이에요"라고 대답했다고 하더구나. 그래도 힘들지 않냐는 아빠의 질문에 너는 "나만 하는 일도 아니고 간호사라면 다 하는 일이고, 같이 일하는 선배, 후배 선생님들도 다 열심히 하셔서 같이 힘을 내게 되는 것 같아. 환자도 힘들 거고 간호사 선생님들도 힘들 거고 다른 부서 선생님들도 다 힘들겠지만 이런 특수한 상황인데 어쩌겠어. 다 같이 견뎌내야지"라고 이야기하더구나.

사실 그 대답을 듣는 순간 눈물이 핑 돌면서 눈물을 참느라 애를 썼어. 네가 웃고 있었기에 엄마가 울면 안 될 것 같았거든. 나는 너를 자식이라고만 생각했는데 누군가에게 너는 간호사구나라는 생각을 했어. 엄마의 생각보다 너는 마음이 더 넓은 아이구나. 엄마가 이렇게 걱정하지 않아도 우리 딸은 잘 하겠구나 싶어서 한편으로 뿌듯하기도 했어.

환자가 좋아져서 퇴원을 한다고 좋아하기도 하고, 무리한 요구를 하는 환자들 때문에 힘들어하기도 하고, 어린아이가 입원을 했다며 심심해할까 봐 장난감을 사 가야겠다고 말하기도 하는 널 보며, 불안하고 애가 타는 날이 많았지만 너를 비롯한 병원에서 고생하시는 분들과 병원 밖에서도 보이지 않게 애쓰시는 여러 사람들이 있기에 언젠가는 이 시간들이 잘 끝날 거라고 믿는단다.

민영아. 힘든 시간을 보내면서 사소한 일상이 더 그리워지고 간절해지듯이 힘든 점만 있는 것이 아니라 분명히 그 안에서 새로운 의미를 찾는 경험이라고 생각하고 열심히 버텨주길 바란다.

훗날 오늘을 기억하며 '그래, 그런 일도 있었지' 하며 웃으며 이야기하는 날이 올 거야. 그때까지 우리는 각자의 자리에서 힘을 내보자.

항상 응원하고 기도한다. 사랑한다. 우리 딸.

"누군가 해야 할 일이잖아요
저는 간호사니까 당연히
해야 할 일이에요"

김별 | 청주의료원

#일어나...들어가야지

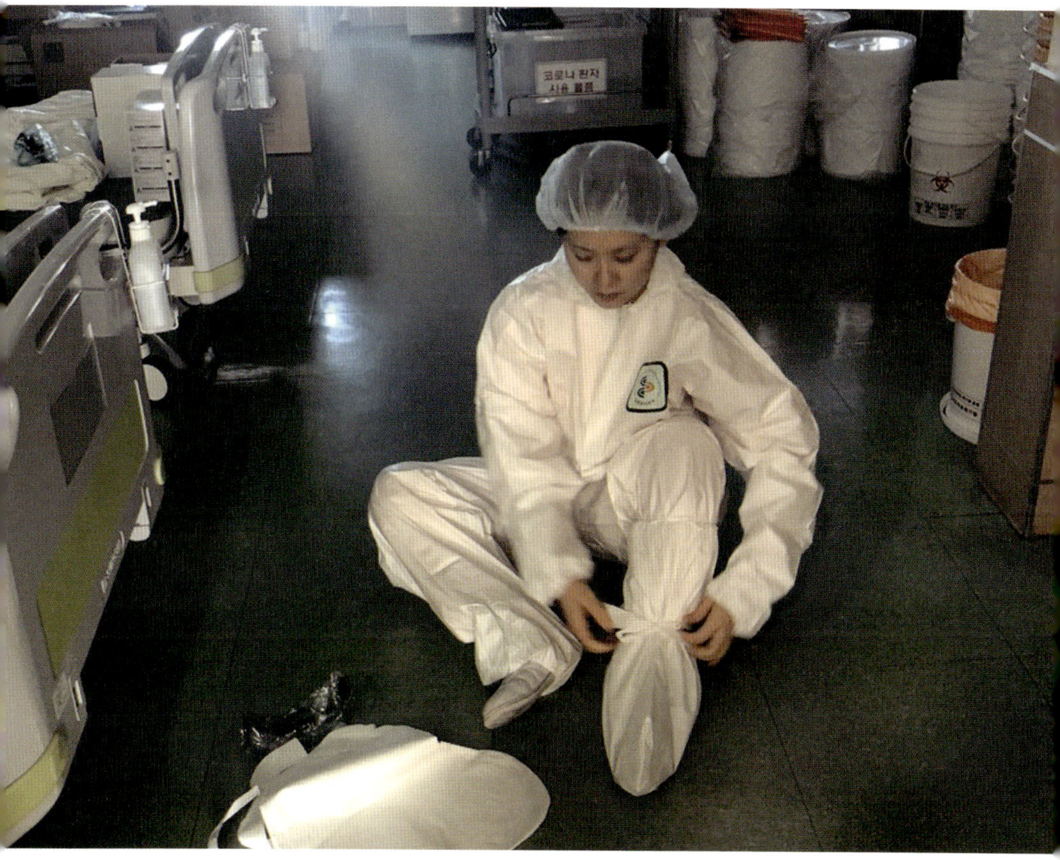

김별 | 청주의료원

#달려라_널스

마지막 순간을 함께해 주길

김민주 | 대동병원

'한 생명이 이 땅을 떠나는 순간이 이렇게나 외로울 수가 있을까.'

처음으로 맞이한 코로나19 확진자의 마지막을 같이하면서 든 생각이었다.

내가 일하는 병원은 작년 1월 동남아에서 전원 온 환자를 기점으로 코로나19 감염병에 대한 긴장감이 돌기 시작했다.

수도권도, 대구도 아니니까, 그리고 코로나19 전담 병원으로 이용되는 국립병원이 아닌 사립 종합병원이니까, 어쩌면 운 좋게 피해서 무사히 지나가길 기도하는 마음으로 버티고 있었다. 하지만 이 지역 최초의 확진자가 내가 일하던 병원 선별진료소에서 나오고, 연이어 인근 지역 요양병원에서 시작된 집단 감염이 커지면서 전운이 돌기 시작했다. 이후 그 병원에서 통근치료를 받으시던 할머니가 폐렴이 의심된다고 할머니의 아들이 자신의 거주 지역으로 모친을 모시고 왔고, 우리 병원에 입원을 하게 되었다.

단순 폐렴이길 간절히 바랐지만 검사 결과는 확진이었고, 감염관리실 수간호사와 중환자실 책임자였던 나는 심장에서 시한폭탄의 타이머가 작동된 느낌이 들었다.

처음에는 그 환자분도 중환자실이 아닌 감염병동 음압실로 입원할 만큼 상태가 나쁘지는 않았지만, 밤 동안 걷잡을 없이 악화되어 한차례 심폐소생술 후 중환자실 음압실로 옮겨졌다.

갑작스러운 심폐소생술 과정에 조금이라도 보호구가 완벽하지 않았다고 방역당국이 판단한 의료진은 모두 자가격리에 들어갔다. 그와 동시에 환자분의 아들, 며느리 등 직계 가족들은 거의 모두 자가격리 대상자가 되고 환자 혼자만 남아 죽음과의 사투를 하게 되었다. 그리고, 정해진 수순처럼, 고령의 환자분은 그 힘겨운 싸움에서 오래 버티지 못하셨다.

간호사 중에서도 중환자실 간호사로 꽤 오랜 시간 일을 하면서, 다른 보통의 사람과는 다르게 많은 죽음을 목격하고, 그들의 힘든 마지막 모습이 가족에게 상처가 되지 않게 핏자국을 닦고, 배설물을 치우는 일을 업처럼 해왔다. 그리고, 중환자실 특성상 임종 시 가족들과의 작별 인사를 제대로 못하는 경우도 많기에 내가 간호사로서 할 수 있는 일이 떠나는 환자가 외롭지 않게 마지막 가는 길, 그들의 손을 잡아 주는 거라고 그렇게 믿고 살아왔었다.

그렇지만, 그래도 이번은 그 많은 죽음 중에서도 너무했다. 정말 해도 해도 너무했다. 80대 노인이 코로나19 감염병이 무엇인지, 그래서 감염관리를 위해 격리되어야 한다는 것을, 더구나 혼자 병상에 누워 얼굴도 알 수 없게 레벨D를 입은 의료진을 보면서 무슨 생각을 했을까? 우리가 설명을 한다고 했어도 그 설명을 이해할 수 있었을까? 우리 의료진도 처음 겪어 힘든 그 난리를, 그분은 숨쉬기도 힘든 상황에서 얼마나 외롭고 무서웠을까?

주치의가 전화로 사망 선고를 하고 감염관리실 수간호사와 같이 기관삽관 튜브를 제거하고 얼굴을 닦아주는데, 그 외로운 마음이 느껴져서 눈물을 참을 수가 없었다. 40대 후반 나름 산전수전 겪은 두 간호사가 같이 울면서 수없이 되뇌었다. 수고 많으셨다고, 이제는 편히 쉬시라고.

방역당국의 지침에 따라 그냥 영안실로 가실 수가 없기에, 급하게 관을 구해 음압실에서 입관까지 하면서, 그래도 다른 어린 간호사들 대신 우리가 하길 잘했다고 생각했다. 이전에 중환자실에서 같이 일했던 동료였던 감염관리실 수간호사가 퇴근했다가 다시 헐레벌떡 뛰어와서 모든 마무리를 같이 해주는데, 나는 그녀가 21세기의 나이팅게일이구나라고 생각했다.

그리고 나서, 관에 고인을 싣고 음압실을 나오니 근무번 간호사들이 모두 우리를 기다리고 있었다. 말하지 않아도 서로 말할 수 없는, 그렇지만 이해할 수 있는 그런 심정이지 않았을까.

너무 초기였기에 모두가 제대로 알지 못했던 그 코로나19, 그래도 우리 간호사들은 그 상황을 담담히 받아들였지만, 일반 사람들은 그게 아님을 나는 이 일을 통해서 알게 되었다. 정확한 사실이 기초가 되지 못한 억측과 추측으로 인한 공포는 인간의 존엄성을 지켜주지 못한다는 사실을. 돌아가신 고인을 운구하기 위해 온 사람들은 조치를 다 하였음에도 너무 무서워하여, 서로 그 운구차를 운전하고 싶어 하지 않았다. 서로 미루는 그 모습을 보면서 형체를 알 수 없는 공포가 사람을 얼마나 잔인하게 만드는지에 대해 다시 한번 생각하게 되는 계기가 되었다.

지금도 곳곳에서 우리 간호사들은 이런 상황을 접하고 있을 거라고 본다. 누구는 너무 지쳐 눈물조차도 나오지 않을 것이고, 어떤 이들은 또 같이 아파하겠지. 의료진 중 그 누구보다 환자와 많은 시간을 보내게 되는 간호사들이 이 코로나19 팬데믹에서 너무 마음을 다치지 않기를 간호사 선배로서 간절히 바라본다.

그렇지만, 그럼에도 불구하고, 우리가 간호사이기에, 이 땅을 떠나는 분들의 마지막 순간에 그들의 손을 잡아주고 수고했다고 토닥여 주는 마지막 사람이 되길, 자그마한 소리로 부탁해 본다.

간호사이기에,

이 땅을 떠나는 분들의

마지막 순간에 그들의

손을 잡아주고 수고했다고

토닥여 주는 마지막

사람이 되길..

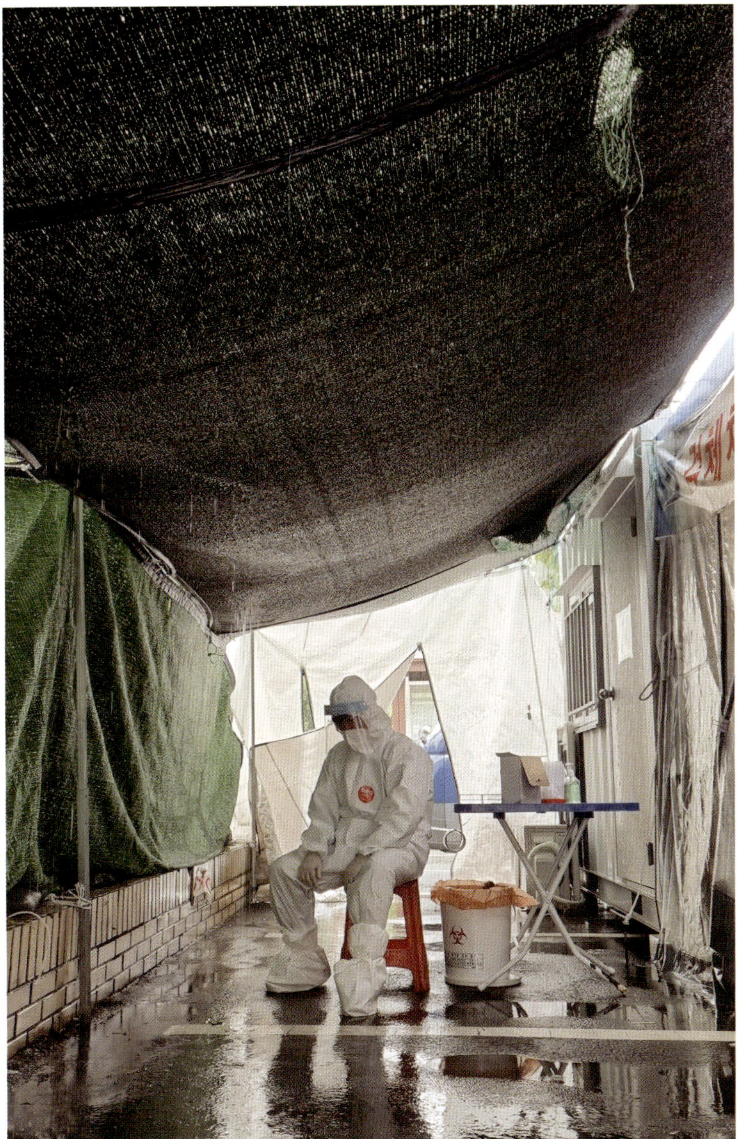

김동균 | 부산 중구보건소 선별진료소

#비가_그칠때 #코로나도_멈췄으면

코로나19,
지난 1년을 돌아보며

김민지 | 부산대학교병원

나는 부산대학교병원 국가지정입원치료병동의 간호사이다. 남들이 들으면 좀 이상하게 생각할 수도 있겠지만 난 이곳에서 일하는 것이 참 재미있다. 입사해서 이름도 생소한 병동에 발령받고 "여기는 참 신기하고 재밌는 것 같다"라고 얘기를 했던 기억이 난다. 아마 그때는 신종 감염병 환자를 본다는 것에 대한 낯섦과 두려움보다는 이 새로운 환경이 마냥 즐겁기만 했던 것 같다. 그래서인지 작년 코로나19 사태가 시작될 때에도 크게 무섭다고 생각은 하지 않았던 것 같다. 아마 그땐 정말 아무것도 몰라서 '괜찮을 거야. 메르스처럼 금방 지나가겠지!' 이런 생각이 컸기 때문이 아닐까 싶다.

2020년 1월부터 언론에서 우한폐렴이라 불리는 신종 감염병에 대해 연일 보도하기 시작하면서 우리나라에도 빠른 속도로 영향을 미치기 시작했다.

내가 일하는 국가지정입원치료병동 간호사들은 이런 상황을 대비하여 주기적으로 교육도 받고 있었고, 함께 일하는 동료들 또한 자신의 위치에서 제 몫을 다 하고 있었다. 종종 입원하는 신종 감염병 의심환자들 덕분에 어느 정도 훈련된 우리는 잘 대처할 수 있을 것이라는 믿음이 있어서인지 크게 걱정하지 않았던 것이 사실이다. 하지만 설 연휴를 지나면서 코로나19 의심환자가 급격히 늘어나기 시작했고 우리 병원도, 우리 병동도 점차 이 급변하는 상황에 직면하고 언제든 확진자 입원을 준비해야만 하는 상황이었다.

아무리 교육을 받고, 의심환자를 간호한 경험이 있는 우리였지만 이번의 경우는 쉽지만은 않았다. 쉬고 오면 달라져 있는 신종 감염병 대응지침, 예기치 못한 상황들, 밤낮을 가리지 않고 하루에도 몇 명씩 의심환자는 입·퇴원을 하고, 혹시 모를 교차 감염을 고려하여 신종 감염병 전담인 우리만 하루에 수회 음압구역에 들어갔다 나왔다를 반복하는 상황이 한 달 가량 지속되어도 '이 정도 쯤은 우리가 할 수 있지!'라는 마음으로 서로를 격려하며 일하였다. 우리는 앞으로 일어날 상황을 전혀 예상하지 못했던 것이었다.

수많은 의심환자만 거쳐 가던 우리 병동은 2월 21일을 기점으로 확 바뀌어 버렸다. 드디어 코로나19 확진자가 입원하게 된 것이다. 청도대남병원에 입원해 있다가 확진 판정을 받고 전원을 왔는데, 도착했을 때부터 이미 손쓸 수 없는 상태로 입실하자마자 교수님, 간호사들 모두가 소생을 위해 온 힘을 쏟았다. 기관삽관을 하고 30분가량 심폐소생술까지 시행하였으나 결국은 우리 병원 첫 번째 사망환자가 되었다. 우리가 신종 감염병 확진자를 만나기 시작한 첫날부터 사망이라니! 첫 입원 환자의 사망은 우리에게 큰 트라우마였고 코로나19 감염에 대한 두려움과 불안이 함께 시작되었던 것이다.

다음 날인 2월 22일부터 부산에서도 확진자가 나오기 시작하면서 우리는 정신없이 바빠지기 시작했다. 하루에 보통 네다섯 명, 입원이 많은 날에는 열 명 이상이 입원하는데 시간을 가리지 않고 밀려드는 입원 상황 속에서 교수님들도, 우리 간호사들도 많이 힘들어했다.

이내 병상은 다 차버렸고 매 근무마다 세 명이 일하는 우리는 날이 갈수록 지쳐 웃음을 잃어가곤 했지만 금방 괜찮아질 거란 기대로 묵묵히 버텨내곤 했다. “입원이 더 많은 부산의료원은 더 힘들 거야. 거기에 비하면 우리는 괜찮지!”라고 서로 격려하면서도 점점 늘어나는 환자들과 거기에 따르는 수많은 업무들……. 매일 수시로 울려대는 알림과 뉴스를 보면서 우리는 알게 모르게 걱정이 커지기 시작했다. 확진자를 간호한다는 부담감과 내가 조심하지 않으면 내 가족들, 가까운 사람들까지 감염되는 것은 아닐까 하는 불안감까지 겹쳐지면서, 늘 씩씩했던 동료 간호사가 힘들다고 그만하고 싶다고 눈물을 흘릴 때는 너도 나도 다 같이 간호사실 바닥에 앉아 울기도 했다.

지금은 거점병원이 되면서 전반적으로 일하는 환경이 많이 좋아지긴 했지만, 작년까지만 해도 우리 병동만 코로나19를 전담하여 볼 때는 적은 인력으로 간호 관련 업무뿐 아니라 다른 부수적인 일들까지 해야 했기에 업무 가중화가 상당해서 힘들어하는 상황 또한 많이 있었다. 인력 부족으로 초과근무를 하고, 2교대 근무를 하고, 집에 들어가기가 걱정돼서 병원의 빈 병실에서 자면서 출퇴근하기도 했던 그 상황들을 지금은 웃으면서 추억할 수 있지만 그 당시에는 서럽기도 하고 '우리가 이렇게 힘들게 일하는 걸 다른 사람들은 알기나 할까?'라는 마음이 더 컸던 것도 사실이다.

다행스럽게도 곧 인력 충원은 되었지만 갑자기 요양병원 환자들이 늘어나기 시작하면서 또 한 번 고비를 맞았다. 일반 환자들을 볼 때와는 다르게 요양병원 환자들은 와상에 치매 환자가 대부분이었고 식이부터 욕창예방을 위한 체위변경, 기저귀 교환, 상처 소독, 침상 목욕까지……. 전인간호를 해야 하는 상황으로 환자 한 명에게 할애하는 시간이 많아지면서 업무에 과부하가 오기 시작했다. 그중 상태 악화로 사망하는 분들도 생기기도 했는데, 상황이 이렇다 보니 환자의 임종을 보호자들이 지켜보지 못하는

#진짜간호사

이강용 | 서울대학교병원

경우들도 많아서 일을 하면서도 마음이 착잡할 때도 한두 번이 아니었고 사망처리 업무의 고단함보다 이런 상황으로 인해 사망하는 분들의 임종을 보호자들이 지켜보지 못하는 것을 보는 것이 더 마음이 쓰이고 아팠다.

코로나19 발생 1년이 지났을 때쯤 끝이 보이지 않는 현실 앞에 우리 병동 간호사 세 명은 결국 사직했다. 신규 때부터 "전 우리 병동이 좋아요! 사학 연금 받을 때까지 계속 다닐 거예요!" 하던 후배 간호사들이 맥없이 지쳐 나가는 걸 보니 내 마음도 편하지만은 않았다. 그 누구보다 열심히 했던 동료들이었기에 아쉬움도 컸고, '코로나19로 인한 소진이 참 무섭구나'라는 생각도 들면서 개인적으로 무력해지지 않기 위해 마음을 다잡기도 했다.

환자는 계속해서 늘어났고 부산의료원도 점차 병상을 늘리기 시작했으며 생활치료센터도 문을 열었다. 우리 병원 또한 지난 12월 30일 이후 코로나19 거점 전담병원으로 운영되기 시작했다. 병상이 늘어나면서 보는 환자 수에 대한 부담감은 훨씬 줄어들었지만, 중환자의 증가로 내가 근무하는 병동이 중환자 병동으로 운영되면서 또 다른 걱정이 생기기도 했다. 병원의 중환자실이 문을 닫고 그곳의 중환자실 선생님들과 우리가 함께 우리 병동에서 일을 해야 한다는 얘기를 들었을 때, '일반 병동에서는 보지 않았던 인공호흡기, 지속적 신대체 요법(CRRT), 체외막산소공급장치(ECMO: extracorporeal membrane oxygenation) 환자들을 내가 볼 수 있을까? 왜 우리가 중환자를 간호해야 하나?'라는 의문과 걱정이 먼저 앞서는 것이 사실이었다. 아무래도 일반 환자보다는 중증 환자들을 볼 때 언제든 응급 상황이 생기고 안 좋아질 수 있다는 것을 염두에 두고 간호를 해야 하다 보니 중환자 간호에 익숙한 중환자실 선생님들이 보는 것이 당연하다고 생각을 한 것 같다. 하지만 걱정하고 의문을 가져도 변하는 건 없기에 '어차피 이게 내가 해야 하는 일이라면 적응해서 잘 해야지, 이런 기회를 통해서 배울 것도 많겠지!'라는 생각을 가지니 의욕이 생겼고 지금까지 일을 해오고 있다.

물론 시작이 달랐기 때문에 아무래도 중환자실 선생님들만큼의 역량 발휘는 어렵지만 일하는 모두가 최선을 다해 열심히 하고 있다. 몇 명의 간호사들은 '중증환자 전담간호사 양성과정'을 통해 좀 더 체계적인 교육을 받아 더 전문성을 갖춘 전담 인력으로서의 역할을 기대도 하고 있다. 물론 나 또한 그렇게 노력해야 한다고 다짐한다.

생각해 보면 우리가 코로나19 확진자들을 처음 간호할 때도 걱정이나 두려움을 가지고 시작했지만, 점차 시간이 흘러가면서 그 누구보다 익숙해지고 그 누구보다 숙련된 모습으로 일할 수 있게 되었다. 그리고 솔직히 말해서 '여기서 일하니까 이런 경험도 할 수 있는 거지! 내가 어디 가서 신종 감염병 중증환자들을 간호하는 경험도 해보겠어?'라는 생각도 든다. "저는 여기서 일하는 게 신기하고 재밌어요!"라고 얘기하던 그때의 설렘과 기대감이 아직 마음속에 자리 잡고 있었나 보다.

처음엔 낯설고 어렵기만 했던 여러 상황들은 이제 최적화된 나의 업무가 되었고 덤으로 월급 이외에 추가 성과급도 받고 있어 그 성취감은 더 크게 와닿는다. 좋은 사람들을 만나서 함께 일을 해서일 수도, 내 마음가짐의 변화일 수도 있지만 긍정적인 나의 변화가 코로나19가 종식되어도 멈추지 않고 계속 이어지길 바란다.

백신접종이 시작되면서 모두들 일상으로의 회복을 기대하고 있다. 1년 넘게 많은 것이 제한된 생활을 하다 보니 평범한 일상이 주는 소중함과 감사함을 다시금 깨닫고 있다.

코로나19의 종식이 언제 올지는 모르겠지만 모두가 웃으며 일상으로 돌아오는 날을 손꼽아 기다리며 나는 내 자리에서 최선을 다 할 것이다.

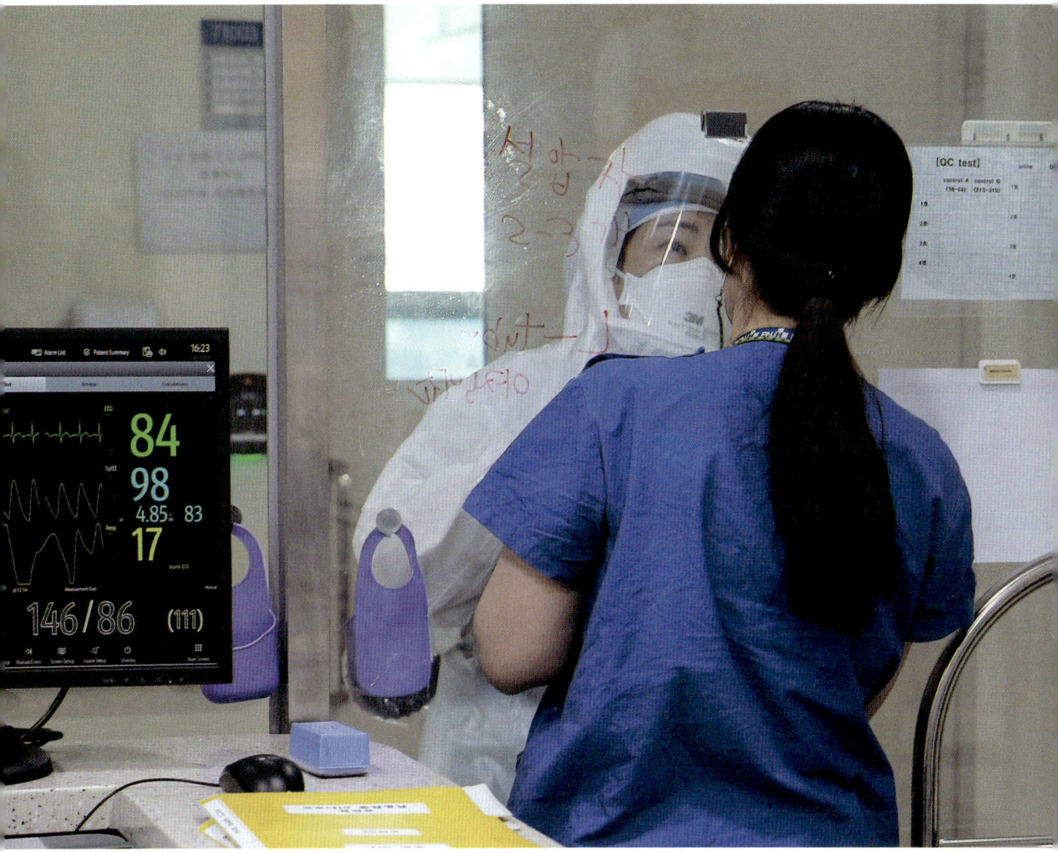

김은정 | 부산대학교병원

#처방확인! #미션파서블!

작은 불빛이 되어

김봉선 | 더편한요양병원

오늘도 할아버지는 간호사실을 지나쳐 간다. 입원 중인 할머니를 보기 위해서다. 할아버지는 항상 같은 시간에 병원에 도착하여 같은 시간에 나간다. 외진 곳에 위치한 병원이라 두세 번 버스를 갈아타야 하고, 버스 시간표에 맞춰 나간다는 것을 알게 되었다. 그리고 하루도 빠짐없이 병원으로 출근하는 할아버지를 보며 일주일 정도 하면 말겠지, 한 달 하면 말겠지 했지만 2년이 넘어가는 오늘도 같은 시간에 병원 문을 열고 또 닫고 나가신다.

처음 할머니가 우리 병원으로 온 건 목련이 활짝 핀 3월 초, 햇볕이 제법 따뜻한 오후였다. 75세에 갑자기 중풍이 왔다고 했다. 오른쪽 편마비와 함께 언어장애가 왔으며 오래전부터 삼킴장애까지

와서 레빈 튜브까지 하고 있었다. 그리고 와상으로 10년이나 지내다 보니 멀쩡한 왼쪽 다리마저 강직이 와서 제대로 구부려지지 않는 상태였다. 그리고 묻는 말에는 눈만 껌벅일 뿐 어떤 대답도 들을 수 없었다. 다만 왼팔을 위, 아래로 의미 없이 움직이기를 반복할 뿐이었다. 요양병원이다 보니 중풍으로 인해 편마비 상태인 환자들, 오랜 와상으로 누운 환자들, 치매 환자들이 대부분이다. 그래서 할머니의 상태가 크게 낯설지는 않았다. 하지만 할아버지의 행동은 낯설게만 다가왔다.

그날은 바람이 매서운 추운 겨울이었다. 큰 키에 입은 바지가 바람에 나풀대자 빼빼 마른 다리가 바지 안에서 꼬챙이 같은 윤곽선을 드러낸다. 굽은 등엔 거북이 등껍질 같은 까만 배낭을 멘 할아버지는 곧장 할머니 병실로 향했다. 그리고 짜여진 순서대로 일을 하듯 천천히 움직이기 시작했다. 잡고 있는 할머니의 왼손을 주무르기 시작해서 팔로 어깨로 올라간다. 그리고 오른손, 오른다리, 왼다리 순으로 마무리를 하신다. 다음으로는 수건을 따뜻한 물에 적셔와 얼굴부터 발끝까지 닦기 시작한다. 손가락, 발가락 사이사이뿐만 아니라 귓바퀴와 귓구멍 안까지 굽은 등을 더 굽혀 닦으신다. 그리고 나면 바디로션으로 얼굴에서부터 발끝까지 꼼꼼히 바르신다. 입으로 드시지 못해 입안이 건조하고 냄새난다며 입안에 손가락을 넣어 닦다가 여러 번 손가락이 깨물려 피가 났지만 아랑곳하지 않고 항상 하신다. 그리고 대소변을 본 기저귀도 직접 본인이 새로 갈아 주신다. 그중에서도 가장 내 눈길을 사로잡는 것은 할머니를 향한 할아버지의 따스한 눈빛과 다정한 목소리였다. 우리 직원의 물음에는 항상 무 자르듯 짧게 말하며 차갑던 할아버지가 말이다.

그러다 코로나19가 우리 삶에 갑자기 찾아왔다. 연일 기하급수적으로 늘어나는 확진자와 사망자에 우리는 속수무책이다. 마스크 쓰기, 사회적 거리두기, 모임자제, 개인위생 철저히 하기 등의 내용이 매스컴을 통해 하루도 빠짐없이 우리에게 전달되며 불안감은 커가고 있다.

병원에서도 면회가 금지되었다. 매일 병원으로 출퇴근을 하던 할아버지의 불안감은 더 했다. 간호사실의 전화벨은 새벽부터 울렸다. 할아버지의 걱정과 불안한 음성이 전화선을 타고 그대로 전해졌다.

할아버지를 안심시켜 드리는 것이 급선무였다. 불안한 마음을 가라앉히고 호흡을 가다듬도록 유도했다. 그리고 할머니의 건강 상태가 변화 없음을 설명해 드렸으나 할아버지는 좀처럼 진정이 되지 않았다. 결국 휴대폰으로 매일 통화를 시켜드리고 사진도 찍어 보내겠다고 약속드리자 할아버지의 목소리 톤이 낮아지며 편안한 호흡음이 들렸다. 그날부터 할아버지와의 전화 통화는 시작되었다.

매일 전화하여 할머니를 바꿔 달라고 하였다. 업무를 하다가도 벨이 울리면 하던 일을 내려놓고 복도를 뛰어 할머니의 귀에 휴대폰을 갖다 댔다. 할아버지의 쩌렁쩌렁한 목소리가 휴대폰에서 새어 나왔다. "○○야, 코로나 때문에 면회를 못 간다. 사랑한다"고 외쳤지만 할머니는 눈만 껌뻑일 뿐이었다. 하지만 할아버지는 한 마디의 대답도 들을 수 없음을 알면서도 사랑한다고 수십 번 되풀이를 한 다음에야 통화를 끝내셨다.

코로나19 상황이 1년을 넘기면서 상황은 악화되어 갔다. 할아버지의 통화도 점점 빈도가 늘게 되었다. 할머니의 사진을 자주 찍어 보내드리면서 할아버지의 불안감은 다행히 줄어들고 있었다. 하지만 오랜 와상으로 누워 계셔서 인지 갑자기 할머니의 건강 상태가 악화되었다.

집중치료실로 옮겨 치료가 시작되었다. 할아버지는 첫 코로나19 상황에 전화선을 타고 왔던 불안한 음성으로 되돌려졌다. 할머니가 잘 이겨내도록 희망을 갖고 지켜봐 주실 수 있도록 위로를 했지만 사실 자신은 없었다. 그래도 할아버지의 염원으로 며칠은 더 버틸 줄 알았지만 할머니는 그날 새벽에 얕은 숨을 가쁘게 몰아쉬었다.

할머니 상태를 전하는 심정이 착잡하였다. 할아버지에게 할머니의 존재를 알기에 전화기 번호를 누르는 손이 떨려왔다. 할아버지의 흐느낌과 슬픔이 전화선을 타고 그대로 전해졌다. 바로 병원으로 오셔야 할머니의 임종을 볼 수 있음을 전하자 이른 새벽이라 당장 차편이 없음을 말해왔다. 나는 주저 없이 모시러 갈 테니 준비하고 계시라고 했다.

아직 여명이 밝아오기 전 깜깜한 새벽에 차 안에서 할아버지와 마주했다. 이미 눈시울이 붉은 할아버지는 병원으로 가는 내내 흐느낌으로 어깨를 들썩였다.

병원 입구에 도착하자마자 입구로 들어서는 종종걸음에서 할아버지의 다급함 마음이 전해왔다. 그리고 집중치료실에서 들려오는 할아버지의 오열과 함께 아침 해가 떠올랐다.

할머니를 장례식장으로 보내드리며 할아버지의 떨리는 두 손을 맞잡았다. 어떤 말로도 위로가 되지 않겠지만 할아버지의 등을 쓸며 그동안 수고하셨다고 전했다. 할아버지도 그동안 너무 고마웠다고 내 등을 토닥였다. 돌아서 가는 할아버지의 외로운 등이 마지막 모습이었다.

바쁜 업무로 며칠을 정신없이 보내던 중 전화벨이 울린다. 할아버지다. 다시 한번 고마웠다고 전하며 “너는 내 딸이다” 하며 말하는 음성이 떨려왔다. 그 얘기에 나도 목소리가 같이 떨렸다. “네, 아버지 딸 할게요”라고 말해 드렸다. 그리고 할아버지까지 건강에 문제가 생길까봐 걱정이 되었다. 그래서 할아버지와 연락을 주고받으며 지내고 있다.

할아버지를 오랫동안 지켜보며 알게 되었다. 별 하나 없는 칠흑 같은 밤에 반짝이는 작은 불빛 같은 한 사람만 있다면 견딜 수 있다는 것을 말이다.

코로나19로 힘든 상황이 계속되고 있다. 머잖아 재난의 슬픔과 무기력이 멈추고 밤하늘에는 별빛이 가득할 것이다.

할머니의 빈자리는 시간이 지날수록 더 클 것이다. 할아버지에게 다시 삶을 계속 이어나갈 수 있는 작은 불빛이 되어주고 싶다. 그래서 나는 오늘도 전화를 건다.

"아버지, 잘 지내시고 계시지요?"

머잖아 재난의 슬픔과
무기력이 멈추고 밤하늘에는
별빛이 가득할 것이다

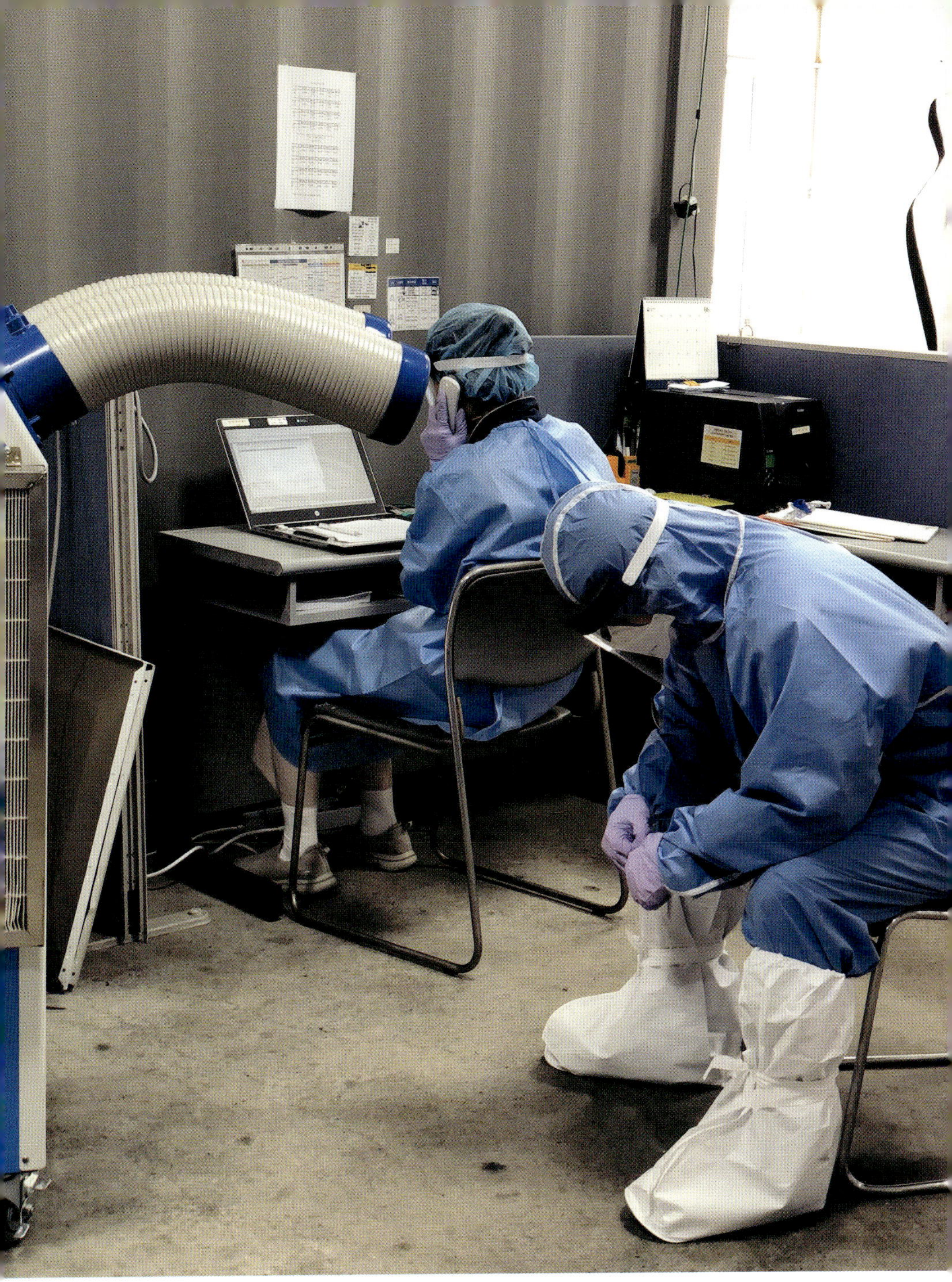

김현동 | 인제대 부산백병원

#사투

침상이 비워질 때

김유나 | 은평성모병원

코로나19 격리병동에서 근무한 지 만 1년이 되었다. 5인 이상의 모임은 금지시켜 대규모 집단감염은 막았지만 가족 단위와 소모임에서 감염이 늘어나고 있어 신규 확진자 수는 줄어들지 않아 퇴원과 동시에 환자가 온다.

환자들은 코로나19 확진이라는 사실이 믿어지지 않을뿐더러 본인으로 인해 또 다른 피해를 입은 사람들에게 죄책감을 느끼며 병원 생활을 시작한다.

해열제를 먹어도 열은 계속 오르고, 두드려 맞은 듯 온몸은 아프고, 숨쉬기가 힘들어 산소치료를 하면서 하루하루 퇴원만을 바라보며 버티고 있지만 반복되는 코로나19 검사에 양성이라는 결과가 나오면 아무 말 없이 멍한 눈으로 창밖을 바라본다.

시간이 약이라는 말이 있듯이 그들은 2주 뒤에 건강한 모습으로 집으로 돌아가고, 우리는 기분 좋게 침상 정리를 한다. 그리고 그 침상은 비워질 틈도 없이 바로 새로운 환자로 채워진다.

2020년 8월, 강서구 데이케어센터에서 집단 감염이 발생하여 90대의 할머니 한 분이 입원을 하게 되었다. 거동이 불편하여 주로 침상에서 생활을 하였고, 식사 보조부터 대소변 처리, 목욕 등의 기본적인 케어는 다 해드렸기에 환자와 함께하는 시간이 많았다. 특히, 병원 밥이 입에 맞지 않아 투정을 부리며 잘 드시지 않아 식사 시간에는 항상 땀을 쭉 빼곤 했다. 숟가락에 죽과 반찬을 올려주며 빨리 나아서 집에 있는 가족들을 보셔야 한다며 어르고 달래며 밥을 먹였다. 재밌게도 약은 참 잘 드셨다. 병실 안에 TV가 있어 적적하지는 않았지만 하루 종일 보기에는 힘드실 거 같아 말동무도 돼드리곤 했다.

입원 중 알게 된 사실이지만 그분은 우리 외할아버지의 큰형수, 즉 나에게는 큰할머니가 되는 친척 어르신이었다. 그러다 보니 그분의 가족 이야기와 고향에 대한 많은 이야기를 들었고, 현재 환자가 살고 있는 곳은 나의 외가가 있는 동네면서 안식처 같은 곳이기에 환자와 대화를 나누는 것이 정말 즐거웠다. 내가 외할아버지의 성함을 대면서 그분 손녀라고 했을 때 이름은 기억은 나지 않지만 반갑다고 손을 꼭 잡아주셨다.

그날도 밥을 안 먹겠다고 도리도리 고개를 젓는 걸 간신히 설득시켜 밥과 약을 먹인 뒤 1시간 뒤에 다시 돌아올 테니 일일연속극을 보고 있으라고 TV를 켜두고 병실을 빠져나왔다.

스테이션에서 CCTV로 환자를 계속 지켜보다 갑자기 환자의 상태를 나타내는 모니터에서 산소포화도가 급격하게 떨어지는 것을 보고 벌벌 떨리는 손으로 신발 끈의 매듭을 짓지도 못한 채 병실로 뛰어갔다.

"윤○○님, 정신 차려보세요! 윤○○님! 할머니! 눈 좀 떠봐요! 선생님, 305호 환자 의식, 맥박 없습니다. 코드블루 방송해 주세요."

병실에 들어갔을 때 이미 얼굴에서는 핏기를 찾아볼 수 없었고, 아무리 소리치면서 꼬집어도 반응이 없어 산소를 최대한으로 적용하고, 심폐소생술(CPR)을 시작했다. 가슴압박을 실제 사람에게 한 것은 처음이라 손으로 전해져 오는 감각과 갈비뼈가 부러지는 소리에 순간 두려운 마음이 들었지만 측정 불가였던 산소포화도가 60%까지 돌아오는 것을 보고 살려야 한다는 생각만으로 CPR팀이 오기까지 2~3분간 압박을 계속하였다. 그러나 나의 도움 요청에 돌아온 것은 병실로 들어오는 방호복 부대가 아닌 전화벨 소리.

환자가 의식이 있을 당시 서류상은 아니지만 구두로 소생금지(DNR)를 원한다는 의견을 냈었기에 가슴압박을 중단하라는 말을 듣고 나는 환자한테서 손을 떼었고, 산소포화도는 다시 측정 불가로 돌아갔으며 심전도(EKG) 리듬은 일직선이 되었다.

당직 교수님의 사망선고 후 반응 없는 싸늘한 환자를 보고서도 믿기지가 않았다. 방금 전까지 잘 있던 사람이 이렇게 갑자기 갈 수가 있을까... 마음 같아서는 그 자리에 주저앉아 울고만 싶었다. 너무 놀란 탓도 있었지만 '내가 1시간이 아니라 30분 뒤에 다시 병실로 들어왔더라면', '방호복을 더 빨리만 입었더라면', '들어오자마자 가슴압박을 했었더라면 환자가 살 수 있지 않았을까'라는 생각과 함께 나 때문에 환자가 사망을 했다는 생각이 머릿속에서 맴돌고 있었다. 더군다나 나의 담당 환자가 사망한 것은 처음이었기에 죄책감이 굉장히 컸다. 여러 복합적인 생각과 감정들로 혼란스러웠지만 겉으로는 태연하게 환자의 마지막 가는 길을 정리하기 시작했다.

작은 몸뚱아리에 붙어있는 예방적 드레싱 폼, EKG 리듬 스티커는 떼고 쇄골 밑에 삽입되었던 중심정맥관은 제거하지 못한 채 필름 드레싱으로 붙인 뒤 환의를 벗기고, 거즈로 분비물이 나올 수 있는 구멍은 다 막아낸 다음, 생리식염수를 묻힌 젖은 거즈 대신 소독제인 바이오스팟으로 온몸을 구석구석 닦았다.

일반 환자는 새 환의를 입히고, 마지막 순간을 함께 하기 위하여 가족들에게 면회를 시켜주지만 코로나19 환자는 감염의 위험성 때문에 커다란 투명 비닐백에 환자를 넣고, 검은색 바디백에 넣은 후 다시 2차 바디백에 넣고, CCTV를 통하여 자가격리를 하지 않는 가족 중 1인이 얼굴을 확인하는 면회를 한다. 말이

면회지, 저 사람이 나의 가족인지 정확하게 보이지도 않을뿐더러 얼굴 한번 쓰다듬을 수도 없고, 사랑했다고, 좋은 곳에 가셔서 행복하시라는 말도 전하지 못한다.

바디백 안에 환자와 코로나19 바이러스를 가두고서, 병실 안 환경을 정리한다. 입원 당시 환자가 입었던 옷가지, 지팡이, 보청기, 가족들이 싸준 음식들 모두 폐기물 통 안에 버려지고, 머물렀던 흔적들을 하나둘 없애는데 오직 주민등록증과 핸드폰만이 그 모습 그대로 병실 밖으로 나갈 수 있다.

얼추 정리를 하다 보니 두 시간이 지나있었고, 관에 넣고, 장례식장으로 이동하는 일은 다음 듀티 선생님한테 맡기기 위하여 방호복을 벗고, 병실 밖으로 나왔다.

파란색 간호복은 땀으로 젖어 남색으로 변해있었고, 얼굴에도 땀과 함께 눈물이 계속 흐르는 바람에 눈이 따가워 제대로 뜰 수가 없었다. 환자의 임종까지 일어났던 일들을 모두 간호일지에 기록을 한 후 퇴근하기 위해 병동 밖으로 나와 엘리베이터를 기다리는데 보호자가 그동안 수고 많으셨다고, 특히 임종하는데 도움 주셔서 감사하다고 하셨다.

병원을 빠져나와 긴장이 풀리면서 집에 가는 내내 눈물이 멈추지 않았고 편안하게 영면에 드셨기를 간절히 바랐다. 갑작스러운 환자의 죽음은 그렇게 마무리되는 듯했다.

며칠 후, 병동으로부터 보호자가 나를 애타게 찾는다는 소식과 함께 번호를 전해주었다. 혹시 임종하신 날 무슨 일이 있었는지 꼬치꼬치 캐묻는 건 아닌지 조심스럽게 연락을 드렸다.

“간호사님, 정말 감사합니다. 우리 어머니 마지막까지 돌봐주신 게 간호사님이라고 들었습니다. 그리고 돌아가셨을 때도 간호사님이 해주셨다고요. 제가 직접 병원에 갔어야 했는데 자가격리 중이라서... 그때 보호자로 갔던 제 동생이 말해주더군요. 갑자기 돌아가셨다고 했을 때 저희도 놀랐지만 간호사님도 많이 놀라셨을 거 같아서요... 다시 한번 감사합니다. 그리고 간호사님이 저희 큰아버지의 손녀분이라고 들었습니다. 저는 OO동에 살고 있고, 큰아버지도 아마 알고 계실 겁니다. 시간 나실 때 언제든 오세요. 식사 대접하고 싶습니다.”

비워졌던 침상은 얼마 안 가서 다시 채워졌다. 입원 올 환자가 80대 할머니라고 들은 나는 순간 몸이 얼었고, 무서웠다. 동료들은 그런 나를 배려하여 대신 입원을 받아주었고, 10일 정도 계시다가 다행히 건강한 모습으로 퇴원하셨다.

2021년 6월, 현재도 상태가 중증까지 갔다가 다시 회복되어 퇴원하는 환자들이 많다. 환자와 그들의 가족들은 의료진들 고생한다며 손 편지와 함께 맛있는 간식을 보내주시곤 한다.

방호복을 입고, 환자들과 마주할 때는 덥고 지치고 힘들다는 생각이 나지만 환자와 가족들의 따뜻한 말 한마디가 비타민같이 느껴져 힘내서 일을 다시 할 수 있게 도와주는 것 같다.

아직까진 환자 수가 급격하게 감소되지 않아 당분간은 꽉 찬 침상을 봐야겠지만 올해 안에는 꼭 코로나19병동의 침상이 텅텅 비어있는 때가 오기까지 방호복을 입고 최선을 다할 것이다.

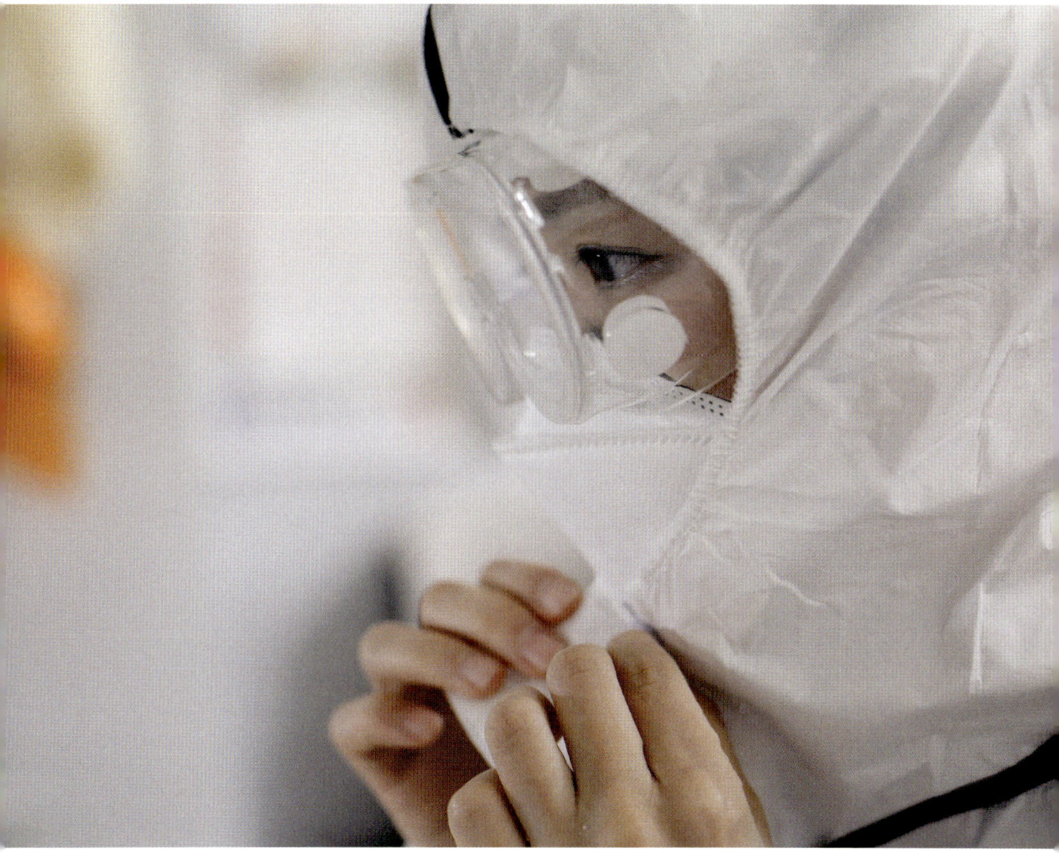

김홍식 | 대구보훈병원

#코로나19_위기에서 #고군분투_중인 #간호사

보건진료소에서 맞는 코로나19의 그늘

–간호사 딸에게 보내는 편지–

김향숙 | 남해군보건소

사랑하는 딸 민경아!

무심코 하늘을 바라보니 쌓인 보고픔이 먹구름덩이 같구나. 코로나19가 난무한 이 계절에 서울살이가 얼마나 힘이 들까? 오늘도 코로나19를 상대로 고생하고 있을 너를 생각하는 이 어미 마음이 미어지는구나.

요즘 남해는 할머니들이 '유월본디'라고 부르는 제비강낭콩과 찰옥수수가 익어가고 바다에는 죽방멸치와 장어가 어부들에게 풍어의 기쁨을 선물해 주고 있단다. 하지만 올해는 유난히 매운 마늘 맛이 생각나는 여름이구나.

국립중앙의료원 노조팀 일원으로서 대구동산병원 코로나19 근무 자원봉사 중 주고받던 너와 나의 수다가 이제는 우리들의 일상이 되어버렸구나. 병원에 출근하면서 레벨D 방호복을 입는 과정부터 퇴근까지 숨 막히는 병동 간호사의 파노라마는 먼 나라 풍경인 줄로만 알았다.

"세상만사 궂은일 좋은 일이 다 남의 일이 아니고 모두가 내 앞에 닥치더라."

보건진료소에 오신 어르신들이 삼삼오오 모여서 하시는 말씀이 딱 맞는 것 같다. 감염병 위기는 병원과 보건소, 도시와 시골을 가리지 않고 오는 것을, 임상간호사와 지역사회 간호사의 역할이 한 가지인 것을 증명해 주는구나.

한때, 남해군 보건소는 심각한 코로나19 현실에 의료 인력이 부족하여 비상상황이 벌어졌단다. 보건진료소 전담공무원들이 총동원될 정도의 비상상황이었지. 보건소 앞마당에 임시로 들어선 선별진료소에서 코로나19 관련 역학조사와 검체를 위한 근무를 할 때는 보기만 해도 어마 무시한 레벨D 방호복을 입었다. 그때의 나의 기분은 마치 수의를 입는 것 같았다.

N95 마스크와 플라스틱 투명가면 때문에 얼굴이 홍당무처럼 벌겋게 달아올랐지. 뇌 혈액순환이 순조롭지 못하니 어지럼증이 생겨나고, 산소가 부족해서 두통이 심해졌단다. 평소에 약 먹기를

그렇게 싫어하던 내가 타이레놀을 손가방에 꼭꼭 챙겨서 다닐 정도였으니 말이다.

어미 손이 유난히 통통하게 살찐 탓일까? 일회용 고무장갑을 낀 손가락 사이사이마다 물집이 생기고 손톱 밑까지 습진이 생겼단다. 가려워서 긁으니 피부가 벗겨지고 짜증을 자주 내고 밤에는 잠마저 설치게 되었단다. 옆에서 지켜보는 너의 아버지 역시 스트레스가 이만저만 쌓이는 게 아니었다.

보건진료소는 네가 알다시피 어미 혼자서 근무하잖아. 주민들이 보건진료소에 오시면 "소장님! 소장님!" 쉽게 부르는 이유가 있단다.

글을 못 깨우친 할머니들이 종종 우편물을 가지고 와서 묻기도 하고, 도시에 있는 자식들에게 택배를 보낼 때도 도움을 청하지. 전화번호와 주소를 적는 일, 가전제품과 주방의 가스레인지에 건전지를 교체하는 일, 바늘귀에 실 꿰는 등 사소한 일마다 소장님을 찾을 땐 보건진료소라기보다 사소한 만능 심부름센터 소장 같은 느낌이 들 때가 많단다.

마을 어르신들과 소통이 단절된 것은 코로나19가 퍼지기 시작하던 때였다. 우리 지역에 급격하게 코로나19가 퍼져나가자 보건진료소의 인력들이 군보건소로 파견되었고, 보건진료소가 문을 닫는 상황이 일어났단다.

처음에는 어르신들이 세월 탓을 하시며 수긍을 하셨지만, 시간이 지나갈수록 마을의 상황은 심각해지게 되었지. 수시로 드나들던 경로당 문이 꽁꽁 잠겨서 갈 곳이 없어진 어르신들은 진료소까지 갈 수 없게 되자 더욱 외롭고 우울한 나날을 보냈던 거야.

내가 맡은 보건진료소 관할 지역은 반농·반어촌인지라 농사도 바닷일도 모두 감당해야 하는 곳이다. 농번기가 되면서 밤낮으로 과로한 노동에 혹사당한 사람들은 진료소를 이용할 수 없게 되면서 일상생활이 완전히 엉망이 되어버렸지. 남녀노소 주민들이 날이 갈수록 불만이 봇물 터지듯 불어 터질 지경에 이르렀단다.

수없이 걸려오는 전화, 분노에 찬 민원의 격한 음성은 내 마음을 괴롭혔다. 코로나19로 팍팍해진 삶의 원망이 보건소에서 폭발한 거야.

코로나19 현실을 직시하면서 조직의 발전을 위한 혜안이 필요했어. 오랜 생각 끝에 동료들과 의논하여 직장 상사에게 보건진료소 업무를 병행하는 방안을 제시해 보았단다.

처음에는 여태껏 없던 상황이고 전문가의 협조가 절실했기에 서로가 예민할 수밖에 없었던 것 같았다. 동료 서너 명을 제외한 후배들은 보건진료소의 고유 업무보다는 그냥 이대로 직장 상사와 갈등 없이 무탈하게 근무하기를 바랐다. 이것이 조직의 속성이겠지만 나는 허탈감이 들었단다.

난 의료 환경이 열악했던 보건진료소에서 잔뼈가 굵은 80년대

세대와 일반직 공무원으로서 보건진료원직에 시험으로 통과한 세대와 차이를 읽을 수 있었다. 물론 세대 차이를 옳고 그름으로 판단한다는 것은 분명 어리석은 일인지도 몰라. 상사의 판단을 인정하고 수용하면 간단한 일이지만 부모 같은 주민들을 생각하지 않을 수 없었기에 나는 코로나19 현장 근무를 마치고 보건진료소로 복귀하여 야간에 가정방문을 하기로 했어. 경관 튜브 환자 돌봄과 만성질환자 관리는 내가 하지 않으면 방치될 수밖에 없었으니까.

마치 2박 3일 직무교육을 다녀오면 쌓인 일이 한꺼번에 밀려오듯 홀몸 어르신들의 혈당과 고혈압 관리는 이른 새벽에 동네를 한 바퀴 다 돌았다. 주민활동가를 훈련해 신체활동과 영양 관리를 하는 보건사업도 급한 대로 챙겨가면서 하다 보니 소진 상태가 되었다. 두 배의 격무를 자진하게 된 것이었지. 또래 동료는 견디지 못하고 건강 상태가 매우 나빠져서 병가를 냈다. 그녀는 바로 옆방에서 예방접종을 담당하던 터라 나와 동시에 비울 수는 없는 노릇이었다. 건강을 추스르고 일주일 후에 복귀하면 내가 이어서 병가를 내기로 하고 억지로 버텼다.

몸과 마음이 지치고 약해지니 잇몸도 못 견디고 퉁퉁 붓고 피가 나더구나. 결국, 나도 더는 견디지 못하고 다른 동료들에게 양해를 구한 후 스스로 건강을 도모하게 되었단다.

살아간다는 것이 쉬운 게 아닌 줄 알았지만, 삶의 고비 고비를 넘을 때마다 배움이더구나. 보건진료소에서 코로나19를 맞아 역학조사를 하고, 한 사람 한 사람 연이어 검체를 채취하고, 예방접종을 하면서 세상을 바라보는 분별의 견식이 달라진 듯하다.

코로나19 확진자의 처지에서 생각해 보는 쓸쓸함도, 자가격리되어 14일간의 정지된 시간에 적응하는 외로움도, 보건진료소가 있어야 하는 주민들의 민원도 이제 와 안아보니 모두가 고귀한 사랑이었단다.

공공병원의 필요성이 더욱 부각되는 오늘을 보듬어본다. 최일선의 보건진료소에서 피운 나의 빛깔과 향기에 알맞은 꽃자리를 꿋꿋하게 정리하면서 남은 날들을 더욱 부단하게 눈부시도록 아름답게 가꾸어가고 싶다.

오늘도 코로나19와 분투하고 있는 내 딸 민경아!

그곳의 상황이 나날이 어려워지고 있다는 소식은 들었다. 코로나19로 하루하루 힘든 날의 연속이겠지만 힘들고 어려울 때면 나이팅게일의 선서를 하던 네 모습을 기억하거라. 하늘이 선물하신 우리의 손에 든 촛불의 고결한 사랑을 잊지 말자. 코로나19가 하루빨리 종결되기를 고대하면서 힘차게 나아가는 우리들의 멋진 인생을 위하여!

이천이십일년 초여름날, 사랑을 담아 어미가 보낸다.

힘들고 어려울 때면
나이팅게일의 선서를 하던
네 모습을 기억하거라

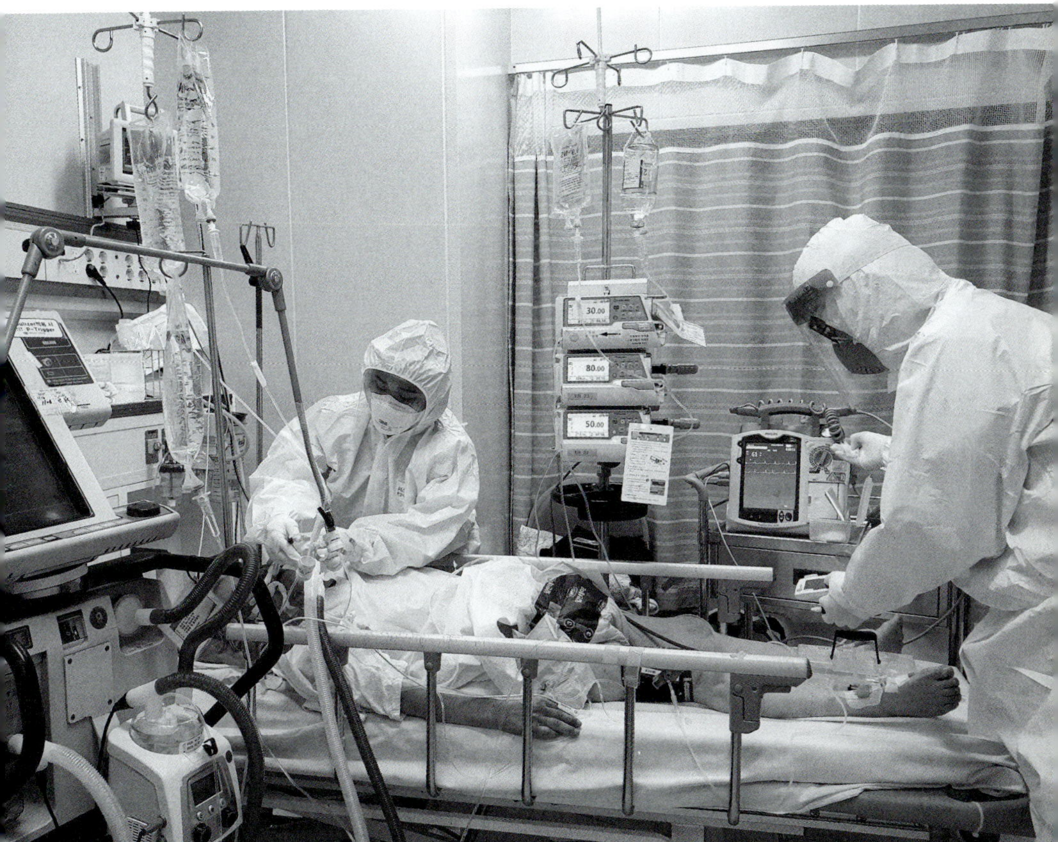

남은미 | 가톨릭대 부천성모병원

#희망의손길

어느 날 나타난 코로나19 바이러스

김혜숙 | 건강보험공단 일산병원

어느 날 갑자기 나타난 코로나19 바이러스!

이건 뭘까? 사스, 신종인플루엔자같이 잠시 우리를 흔들어 놓다 가는 그런 종류의 감염병처럼 그냥 잠시 나타났다 사라지는 그런 거겠지... 뭐 별거 있겠어!

하루, 이틀 점점 늘어만 가는 감염자 수와 높아져만 가는 치명률. 사라질 거라 생각했던 바이러스는 점점 그 기세를 넓혀만 가고 전 세계로 뻗어 나아가고 있었다. 인간이 그 바이러스를 지배하려 하자 새로운 모습으로 변이되어 인간을 위협하고 있다. 헉, 쉽게 볼 녀석이 아닌 것 같다.

하루하루 뉴스의 코로나19 브리핑에 귀를 기울여 본다. 무덤덤

하려 하여도 점점 그 기세가 꺾이지 않으니 모든 국민이 촉을 세우며 새로운 소식에 민감하게 반응한다. 매일매일 병원으로 출근하는 나는 환자뿐만 아니라 가족까지 생각해야 하니 좀 더 예민해져 가려 한다. 가정이 있기는 하나 혹 코로나19 바이러스와 대응해야 하는 상황이 생기면 주저 없이 앞장서 나아가야 하니까.

줄었다 늘었다 줄다리기하듯 감염자 숫자가 요동을 치더니 몇백 명의 숫자에서 내려올 생각을 하지 않고 중증질환자들이 늘어나 병상부족 현상으로 전국에 비상이 걸렸다. 매일매일 부족한 병상으로 병원이 아닌 곳에서 사망하는 환자들이 뉴스에 속속 나오기 시작하였다. 국민의 건강을 돌보는 한 사람으로서 그 안타까움이 더 절실하게 느껴진다.

집에서 쉬고 있는 어느 날, 핸드폰 톡방으로 전달되는 병동 소식! 코로나19 바이러스 감염환자 급증으로 우리 병원이 코로나19전담병원으로 지정되었고 내가 근무하고 있는 병동도 코로나19전담병동으로 지정되어 격리병동을 열게 되었다는 내용의 공지톡이었다.

여기저기서 연락이 온다. 나는 이제야 알게 되었는데 벌써 뉴스를 통해 알게 된 지인들이 걱정의 톡을 보내온다. '너희 병원이 코로나19전담병원으로 환자를 받기 시작한다는데 너는 어때?', '너도 코로나19 환자를 보는 거야?'라며...

두근두근! 마음은 먹고 있었으나 그래도 직접 닥치니 놀라기도 두렵기도 하였다. 나뿐만 아니라 모든 병동 부서원들도 나와 같은 모습과 마음이었을 것이다. '괜찮겠지! 괜찮을까? 괜찮을 거야! 가족들도 있는데...' 다들 걱정이 많았다. 톡방에 불이 나기 시작하였다. '이제 우리도 코로나19 감염자를 돌봐야 하는 거야?', '언제부터 어떻게 하게 되는 거야?'

얼굴에는 근심 걱정이 한가득인데도 이 총체적 난국 시대 앞장 서야 할 사람은 의료진인 우리들이라 생각한 것인지 놀라면서도 코로나19병동 근무를 다들 주저 없이 손들고 나와 주었다.

자! 모두 준비해 보자. 하면 되겠지, 지금까지 우리가 해왔던 것처럼. 여러 감염지침들을 숙지하고 방호복을 입어보고 벗어보기를 여러 번, 이젠 실전이다. 대망의 코로나19격리병동 오픈!

처음엔 적응의 시간이 필요하였다. 방호복을 입고 덧신에 고글과 마스크를 쓰며 이중 장갑을 착용한 다음 둔한 모습으로 뒤뚱뒤뚱, 어기적어기적 걸어다녀 본다. 환자들 방으로 이리저리 옮겨다니며 움직여 보고, 두세 겹의 장갑을 끼고 느껴지지도 않는 혈관을 찾아 이리저리 돌려가며 주사도 놓아보며, 환자의 부름에 화장실도 보조하고 식사도 보조해 주면서 우리는 한 걸음 한 걸음 나아가 보았다. 우리 병동이 첫 오픈 병동이다 보니 어디 물어 볼 곳도 없고 여러 번 시행착오도 있었지만 업무를 하면서 방역수칙에 어긋나지 않는 범위에서 우리들만의 근무 방식을 찾아 나아갔다. 차츰차츰 적응하면서 조금은 경직되었던 얼굴들이 풀려가고 웃으면서 근무할 수 있는 여유도 생겼다.

우리의 하루하루 행보는 모든 사람들의 관심과 주의집중 대상이었다. 괜찮냐며 힘들지 않냐고 만나는 분들마다 묻곤 하였다. 윗분들은 최대한 우리가 힘들지 않게 하려는 배려와 관심을 쏟아 주셨다. 평일은 물론이고 주말까지 나오셔서 라운딩 하시며 부족한 것은 없는지 살펴봐 주시고, 오염존에 들어갔다 나오면 혹 탈진되지는 않는지, 충분한 휴식은 취하고 있는지, 확인하시고 돌봐 주셨으며 직원들과 지역사회에서 여러 응원의 선물과 메시지로 지쳐가는 우리들의 마음을 지지해 주셨다.

코로나19 시대가 길어지니 사람들의 마음도 바뀌는 것일까? 아니면 다양한 사람들이 감염되어 오는 것이어서일까? 본인들이 치료하는 곳이 코로나19 격리병동이라는 것을 아는 것인지 모르는 것인지, 이것저것 요구사항도 많고 해결해 줄 수 없는 요구로 힘들게도 하였다. 코로나19 바이러스에 감염되었다고 모든 환자에게 항바이러스제를 투여하는 것은 아닌데 병원에 입원하였는데 왜 아무것도 치료해 주는 것이 없냐며 이럴 거면 뭐 하러 병원에 입원시킨 거냐며 항의하는 사람, 1인실이 아닌 다인실에 입원시키면 다른 사람의 바이러스가 나에게 옮겨 오면 어떻게 하냐며 돈 더 낼 테니 1인실을 달라며 생떼 부리는 사람, 생활치료센터와 식사를 비교하며 밥이 맛이 없어 못 먹겠다고 화를 내고 치킨,

떡볶이를 배달 시킬 테니 가져다 달라는 사람, 바나나가 먹고 싶다며 바나나 안 주면 밥도 먹지 않고 검사도 하지 않겠다며 소리 지르는 외국인, 심심하다며 옆 병실 친구 만나러 가겠다는 사람 등등.

입원하였을 때 병실 안내하면서 음압병동이라 이동에 제한이 있다고 설명하였으나 그건 이미 저 멀리 안드로메다로 날아가 버리고 없는 이야기인지 본인들의 요구만 주장하며 이런 불친절한 병원이 어디 있냐고 화를 낸다.

아~ 이럴 땐 진짜 내가 왜 간호사가 돼서 이런 말들을 듣고 일을 하고 있는 것인지 후회하게 된다. 땀 흘려 가면서 간호한 보람도 없고 지쳐가려 한다. 하지만 우리를 바라보며 우리에게 의지하고 바이러스와 싸우는 이들이 있으니 주저앉아 있을 수가 없었다.

입원 기간 음압기 소음과 격리로 인한 갑갑함, 그리고 바이러스와 싸우느라 몸이 많이 힘들었을 텐데도 의료진에게 잘 협조해주며 치료에 임해주시고, 모든 치료가 끝나고 퇴원하면서 전해주는 감사하다는 말 한 마디. 빈 침상에 남겨 놓은 감사의 편지글, 퇴원하고도 잊지 않고 병동으로 응원의 손 편지를 남겨주신 백일된 아기와 함께 있다간 엄마의 따뜻한 마음을 느끼며 다시 한번 얼굴 펴고 근무할 수 있었다.

뒤돌아 보면 병동을 열고 참 다양한 환자들이 이곳을 거쳐 갔던 것 같다. 외국인 근로자들이 많이 감염되었을 때는 나이지리아, 러시아, 캄보디아, 태국 등 여러 외국인이 이곳에 머물다 갔다.

"한국어 NO! 영어 NO!"

대략 난감. 태블릿에 어플을 깔고 이중 장갑을 낀 손으로 작은 자판위에 열심히 타자를 쳐가며 그들과 대화를 시도해 보기도 하였다. 안되면 손짓발짓 바디랭귀지의 진수를 보여 주기도 하였다.

코로나19 바이러스로 인해 건강을 되찾은 환자들도 있었다. 병원 가는 것을 별로 달갑지 않아 하는 사람들이 바이러스에 감염되어 병원에 입원해서 엑스레이, 혈액검사, 활력징후 등을 측정하다 보니 본인의 건강 상태를 알게 되는 경우가 여럿 있었다. 혈압이 190mmhg 이상 측정 되도록 혈압약을 먹지 않고 머리가 아플 때 그냥 두통약으로 그 시간을 지나치며 지낸 어르신, B형간염 보균자인 것도 모르고 50년 이상 지내온 아저씨, 혈당이 높은 것도 모르고 지금까지 군것질 열심히 하며 지내온 남자분 등.

인생살이 새옹지마라고 무서운 코로나19 바이러스에 감염되어서 치료하러 왔다가 진짜 관리하고 치료해야 할 질환을 알게 됨으로써 어쩌면 좀 더 나은 노년기를 맞이할 수 있게 된 것인지도 모르겠다.

그런 환자들에게 한마디씩 해 주었다. 코로나19가 환자분 살리신 거라고. 그대로 방치하였으면 무슨 일이 일어났을지도 모르는데 코로나19에 감염되어서 병원에 오니 고쳐야 할 병도 알고 잘 관리하면 백세까지 건강하게 잘 사실 수 있게 되었다고, 코로나19 바이러스를 무작정 미워할 수만은 없다며 우스갯소리를 해 주었다.

코로나19 바이러스 감염 환자들이 줄고 예방접종률이 늘어나면서 더 이상 격리병상이 필요하지 않게 되었다. 오히려 격리병상으로 인해 치료받아야 할 일반 환자들이 치료를 받지 못하는 상황이 생기자 병원장은 코로나19격리병상 운영을 종료할 것을 중앙사고수습본부에 건의하였고, 우리는 약 6개월간의 코로나19 바이러스 격리병상 운영을 6월 30일부로 마치게 되었다.

새로 다 소독하고 이제 일반병동으로 전환해야 할 때이다. 가만히 뒤돌아보면 바이러스에 대한 두려움에 긴장으로 시작하였고 환자들을 돌보며 화가 나서 펄쩍 뛸 때도 있었고 방호복 속 가운이 다 젖고 고글에 습기가 차 앞이 안 보일 만큼 몸이 힘들 때도 있었지만 옆에서 항상 웃어주며 격려해 주는 동료들이 있어서 위로가 되었고, 이 힘든 시기에 작게 남아 도움이 될 수 있었다는 것에 뿌듯함으로 마무리 되는 것 같다.

체계적인 감염관리지침, 여러 임원진과 직원분들, 그리고 지역사회 여러분들의 지지와 관심, 환자분들의 따뜻한 말씀 한 마디 한 마디, 힘들지만 함께 의지하며 격려해 준 동료들이 있어서 우리가 코로나19 바이러스에 감염된 환자들을 큰 문제 없이 잘 간호할 수 있었던 것 같다.

이제 코로나19격리병동이 문을 닫지만 우리 주변에는 아직도 코로나19 바이러스가 돌아다니고 있으며 예고도 없이 침투하여 들어오고 있다. 나날이 업그레이드되어 가면서 전염력을 강화시키고 그 몸집을 키워가고 있는 만큼 아직은 긴장의 끈을 놓아서는 안 될 시기라 생각하고 다시 한번 일상생활 방역수칙을 생각해 본다.

오늘은 6개월 동안 함께 일한 동료의 얼굴을 처음 보게 되었다. 매번 마스크를 쓰고 있는 모습만 보다 마스크 벗은 모습을 처음 보니 '이게 너의 얼굴이었구나!' 하는 말이 절로 나왔다. 훗날 마스크 벗는 날이 와도 목소리는 기억하는데 얼굴은 기억하지 못할 것 같다.

빨리 코로나19 시대가 종식되어서 마스크 속 동료들의 웃는 얼굴을 볼 수 있었으면 좋겠고 손잡고 가슴으로 안아주며 고생했다고 위로해 줄 수 있는 예전의 우리들의 생활 속으로 돌아갔으면 좋겠다. 이제 우리 생활에서 잊혀져서 잘 들을 수 없는 말들이 다시 듣고 싶어진다.

"총무, 회식장소 잡아!", "어머 선생님! 립스틱 바꾸셨나 봐요!", "이번 1박2일 워크샵은 어디로 가지?", "2시에 회의 있으니 회의실로 모이세요", "단체 영화 관람하려고 예약하러 왔는데요~~!", "코로나 시대 끝! 마스크 벗어. 자! 우리 모두 회식하러 가좌~~아~~"

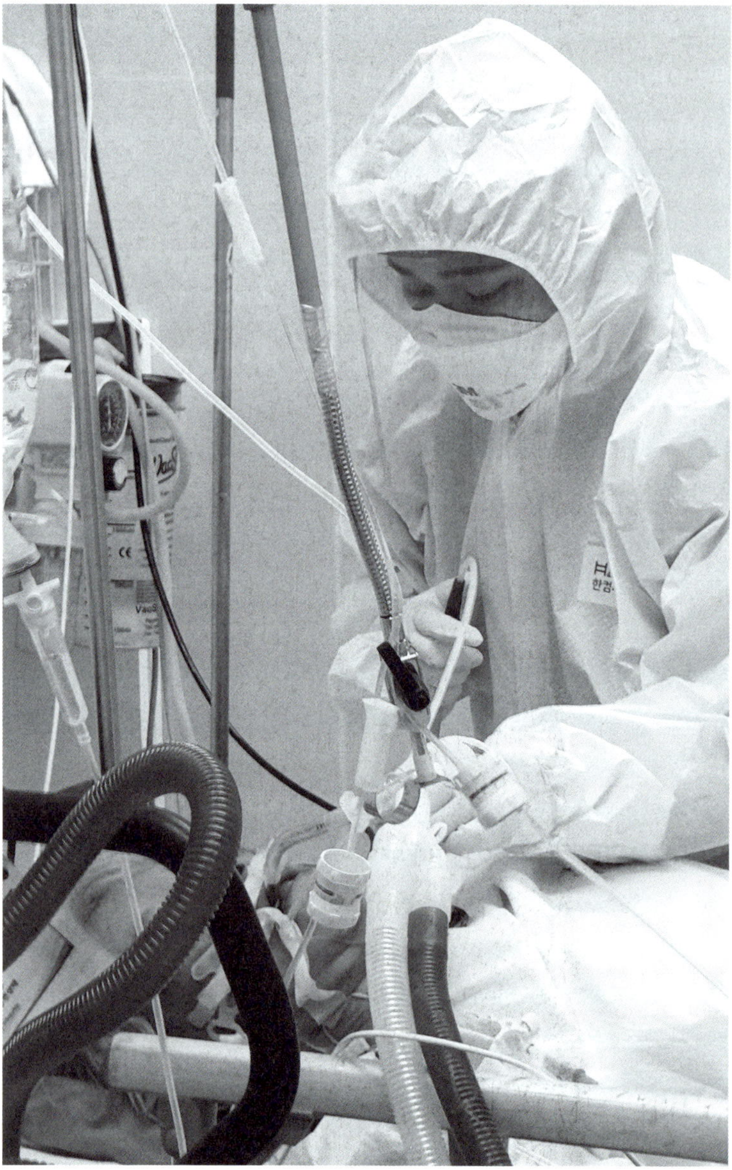

남은미 | 가톨릭대 부천성모병원

#희망의손길

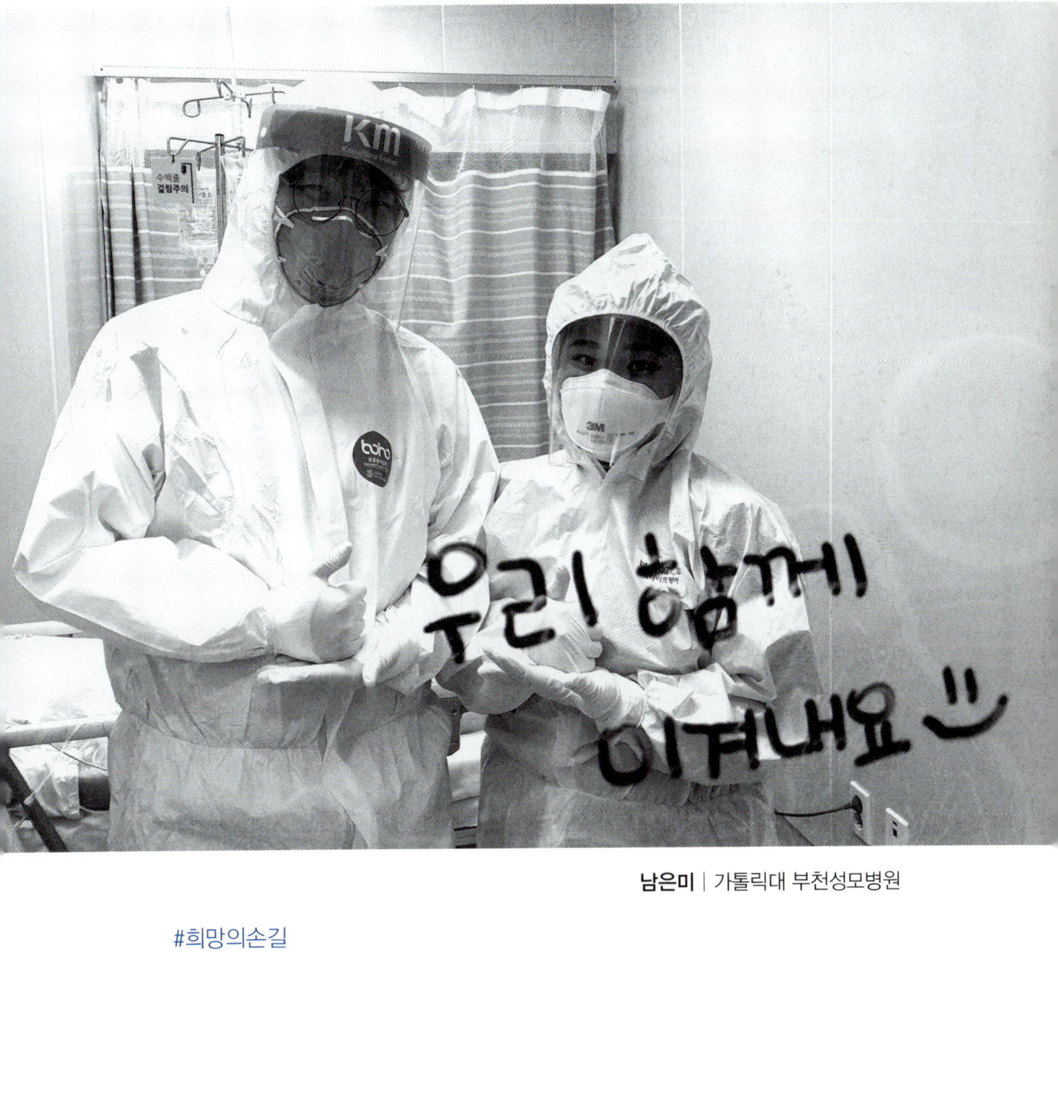

남은미 | 가톨릭대 부천성모병원

#희망의손길

언니의 사계절,
그리고 코로나19

박준희 | 강릉의료원

봄, 벚꽃이 흐드러지게 핀 4월이었다.

분명 벚꽃 축제는 전면 중지되었는데도 사람들은 벌떼처럼 몰려와서 꽃 구경을 했다. 다들 꽤 즐거워 보이더라. 나는 차창 너머로 보이는 사람들을 지나 언니가 근무하는 병원으로 향했다.

언니의 병원 근처에도 벚꽃 나무가 몇 그루 있었다. 올해 봄, 우리 언니가 자세히 볼 수 있었던 벚꽃은 아마 그게 전부였을 것이다.

방호복을 입고 코로나19 음압병동에 들어갔다 온 뒤 씻을 시간도 없어 땀범벅으로 휘청휘청. 차에 타자마자 마스크를 내리고는 창밖의 공기를 크게 한 번 들이마신 언니는 지친 기색이 역력한 얼굴로 의자에 등을 기댔다.

"꽃이 많이 폈더라."

"그래? 아쉽다."

건조한 대화 뒤에는 지친 한숨이 꼬리처럼 따라붙었다. 한창 꽃이 피는데 꽃 구경도 못 하고 지친 언니가 안쓰러워 일부러 돌아가는 길은 꽃나무가 늘어선 길을 선택했다. 하지만 언니는 꽃만큼이나 많은 사람들을 보고 탄식할 뿐이었다. 끊임없이 스쳐 지나가는 차창 밖의 사람들을 지켜보던 언니는 늘 못내 지친 목소리로 중얼거렸다.

"아, 그래도 저 사람들 안 아팠으면 좋겠다."

여름, 무더위가 시작되면서 낮은 물론 밤까지도 뜨겁고 습한 기운이 올라왔다.

코로나19는 여전히 잦아들 기미가 안 보였다. 아니, 잦아들 만하면 확진자가 급증하고, 잦아들 만하면 확진자가 급증하고......

얼마 전까지만 해도 환자가 많이 줄어서 다행이라고 활기차게 말하던 언니의 퇴근 시간은 그날 다시 무한정으로 늦춰졌다. 기다리는 시간이 20분을 넘어가면 차 시동을 껐다. 차 시동이 꺼짐과 동시에 에어컨도 꺼지다 보니 순식간에 덥고 습한 기운이 진득하게 몸에 달라붙었지만, 여태껏 못 나온 언니에게 화가 나지는 않았다. 오히려 걱정이었다. 또 환자가 많아졌는가 보다, 얼마나 지쳤을까. 그렇게 10분, 20분 기다리다 보면 어느새 한 시간이 흘러 있고 그랬다. 기다리던 나도 지쳐 꾸벅꾸벅 졸고 있다 보면 언니가 차 문을 똑똑 두드렸다. 그럴 때 허둥지둥 고개를 쳐들면 출근 때보다 한층 더 핼쑥해진 언니가 손을 흔들고 있었다.

"더웠지, 미안해. 환자가 많아서......"

인사말 대신 사과를 건네며 차에 오른 언니는 기다렸다는 듯 숨부터 크게 들이마셨다. 방금 전까지 방호복을 입고 몇 시간이나 코로나19병동에 들어갔다 나온 탓에 숨이 가쁜 것이다. 언니는 에어컨을 켜두지 않아 찜통인 차에 들어와서도 불평하지 않았다. 되려 실컷 숨을 쉬기 바빴다. 덥지 않냐 물으면 방호복 입었을 때보다 낫다고 웃으면서 대답했다.

"몇 시간은 땀이 비 오듯이 흘러서 나와서 옷을 짜면 물이 짜질 정도인데, 그것보다 더 있으면 어느 순간부터는 땀도 안 나, 몸에 수분이 다 빠져서 그런가. 그냥 눈앞이 뿌예, 귀도 잘 안 들리고. 오늘도 들어갔을 때 환자분 목소리가 잘 안 들려서 미치는 줄 알았어. 이 정도는 양반이지. 어우, 시원하다."

가을, 천고마비의 계절.

야속한 역병은 멎을 기미가 안 보이는데 또 아름다운 색채를 뽐내는 사계절의 끝자락은 금방이었다. 가을은 지나간 줄도 모르게 금세 훅 스쳐가는 계절이건만 그런 짧은 순간에도 확진자는 계속 생겨났다. 더군다나 작년 가을은 이렇다 할 뚜렷한 백신도 치료제도 없었으니. 가을을 맞아 쓸쓸해지는 것은 단연 길거리에 나뒹구는 낙엽뿐만이 아닌 듯했다. 가끔 퇴근한 언니의 얼굴에는 고단함 이외의 쓸쓸함이 묻어있을 때도 있었다. 그런 언니가 너무 안쓰러워서, 가끔씩 나와 엄마는 언니에게 이 일을 계속해야 하냐고 몇 번 묻기도 했다. 그럴 때마다 늘 그랬듯 가쁜 숨을 채워 넣던 언니는 고단하지만 강인한 목소리로 대답했다.

“해야지. 아직 환자가 얼마나 많은데.”

겨울, 이렇게 추운 날씨인데도 나갈 사람은 나가는 모양이었다.

한겨울에도 언니와 코로나19의 전쟁은 계속됐다. 영하의 날씨에도 언니의 퇴근은 꼭 찬바람과 함께해야 했다. 언니는 차 창문을 내려두고 크게 심호흡했다. 춥다고 투정하면 숨이 막혀서 그런다고 못내 미안한 목소리로 사과하면서 창문을 올렸다. 이제 생각해 보면 나한텐 찬바람이어도 언니에겐 그 바람이 첫 호흡처럼 개운했을 텐데, 내가 참 매정했다. 그 시기의 언니는 감기에도 자주 걸렸다. 아무리 한겨울이라 한들 방호복을 입고 코로나19병동에 몇 시간씩 들어갔다 나오면 땀범벅이 된다. 그러나 방호복을 벗으면 겨울이다 보니 그 땀이 그렇게 빨리 식는다고 했다. 게다가 땀을 흘렸으니 씻기까지 해야 하고, 씻고 나오면 제대로 말릴 틈도 없이 다시 일이다. 체온을 유지할 틈이 없다 보니 밥 먹듯이 감기몸살에 걸리게 되는 것이다. 그런 와중에도 언니는 아픈 티도 안 내다가 쉬는 날에만 드디어 끙끙 앓았다. 환자를 마주하지 않는 날에서야 제 아픈 걸 드러내고 심하게 앓는 언니를 보면서 안쓰러웠던 적이 한두 번이 아니다. 이렇게 아프면 좀 쉬엄쉬엄하지 그랬냐고 속상한 질책을 하면 언니는 다 쉰 목소리로 그랬다. 환자들 앞에서 어떻게 아픈 티를 내냐고. 그 말에 아유 바보야, 하고 답답했지만서도 길게 역정을 낼 수는 없었다.

사계절 내내 어느 한 번 한가한 순간이 없었다. 스물여섯부터 코로나19병동 전담간호사가 된 언니는 스물일곱 지금도 여전히 코로나19와의 전쟁에서 최전방에 있고, 숨 가쁘게 싸우는 순간순간 언제나 코로나19 종식을 바라고 있다.

솔직히 말해, 나에게 이 사람은 코로나19 전담간호사이기 전에 우리 언니이기 때문에 언니가 멋있기보다는 안쓰러운 순간이 더 많았다. 매일매일 역병과 다투는 언니의 모습은 아름답다기보단 처절했고, 자랑스럽기 이전에 걱정스러웠다. 언니가 감수하는 위험과 고단함에 비해 대가는 턱없이 모자랐다. 그럼에도 언니는 멈추지 않고 계속 코로나19와 싸웠다. 봄 여름 가을 겨울 사계절이 어떻게 흘러가는지도 눈치챌 수 없을 정도로 숨 가쁘게, 꿋꿋하게.

난 이런 간호사 언니의 동생으로서 그 사계절 내내 안쓰럽고 불안한 마음을 갖고 살아왔지만, 동시에 대한민국 국민으로서는 코로나19 전담간호사인 언니에게 감사한 마음을 지니고 있다.

지금 대한민국은 언니와 같이 최전방에서 싸우는 수많은 의료진이 있기에 멈추지 않을 수 있는 것이리라. 감사하고 또 감사하다.

마지막으로, 사랑하는 우리 언니에게 꼭 해주고 싶은 말이 있다.

"수고하셨어요!"

언니가 퇴근할 때마다 들려오는 간호사들의 목소리다. 언니는 물론 그분들 전부 언제나 입 한 번 못 뗄 정도의 고단한 모습이었지만 서로를 북돋는 저 말만큼은 크게 외치고 퇴근했다. 그런 언니의 모습을 보고, 나도 조금이나마 힘을 실어줄 수 있을까 싶어 늘 차에 타는 언니에게 조그만 목소리로 수고했다 웅얼거렸었다. 그러나 이 글에서만큼은 더 확실하고 크게 수고했다고, 자랑스럽다고 말해주고 싶다. 언니에게는 물론, 지금 곳곳에서 싸우고 있는 모든 의료진들에게 전부.

사랑하는 언니, 언제나 죽도록 앞만 보고 달리는 우리 언니. 그동안 정말 수고 많았어. 어릴 땐 언니가 나만을 구해주는 사람인 줄 알았었는데, 어느새 언니는 이렇게 성장해서 대한민국을 구하는 사람이 되었네. 제대로 표현한 적 한 번 없지만 언니가 정말 자랑스럽다. 지금까지 언니가 내게 힘을 실어줬듯이, 나도 언니 곁에서 늘 힘을 실어줄게. 언제나 응원해, 세상에서 가장 멋진 우리 언니. 사랑해.

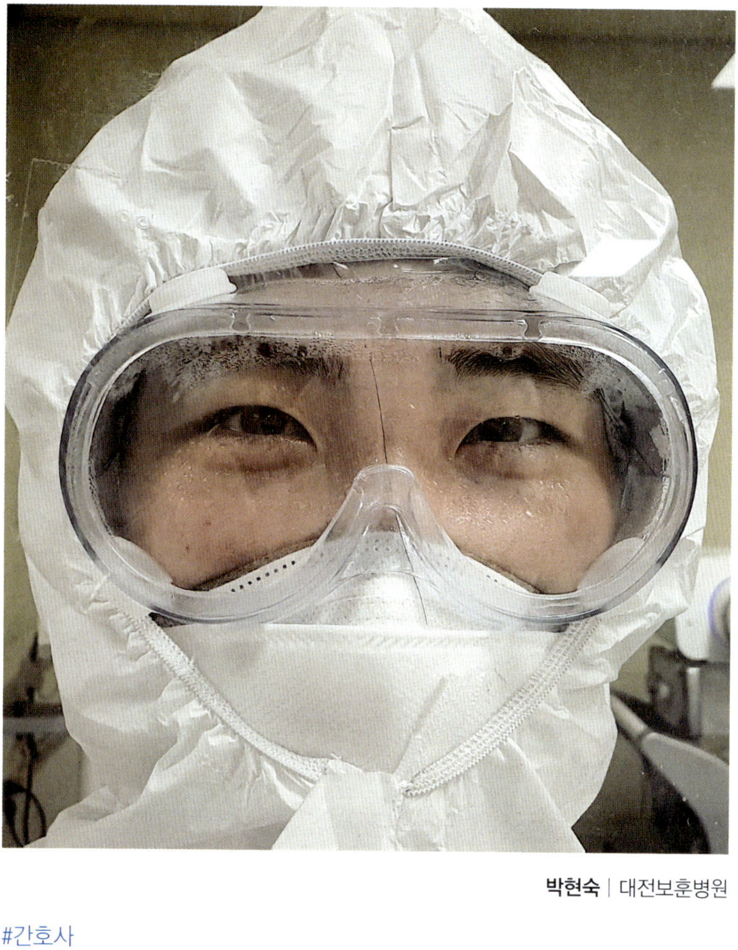

박현숙 | 대전보훈병원

#간호사

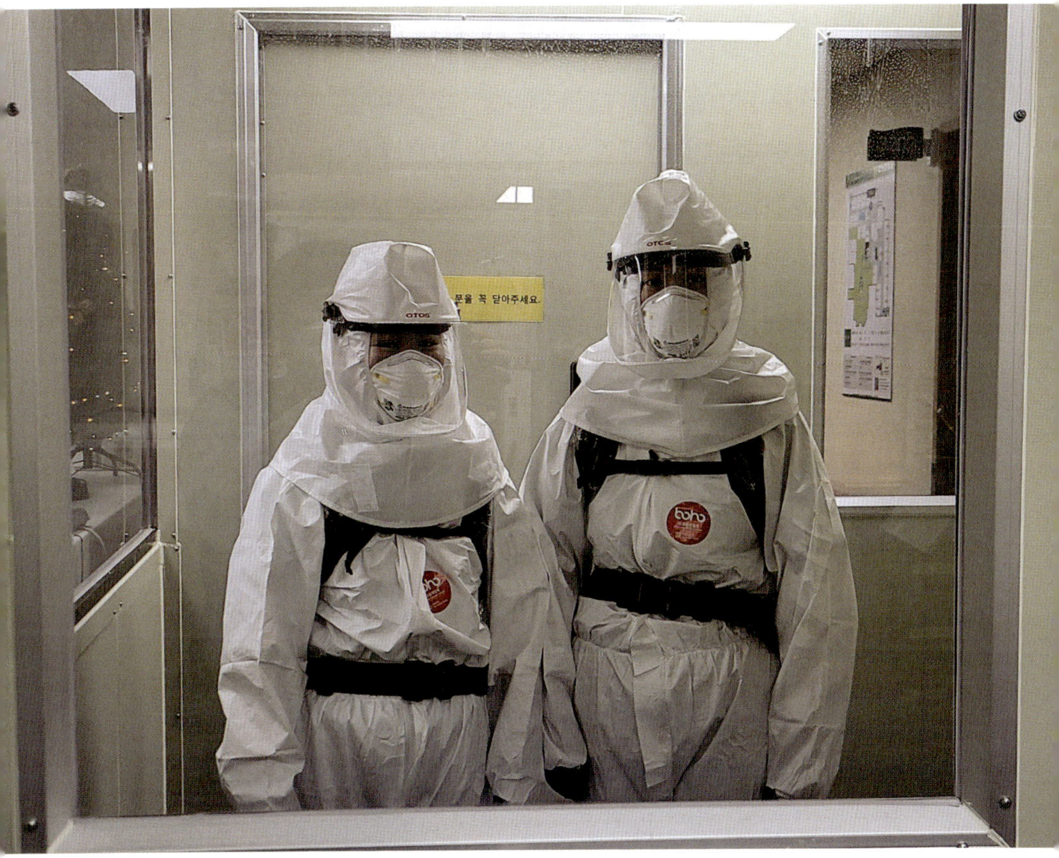

박현숙 | 대전보훈병원

#PAPR

코로나19가 남긴 또 하나의 기억

송현주 | 군산의료원

사람들은 말한다. 지나고 나면 무뎌진다고, 괜찮아진다고.

과연 그럴까? 내가, 우리가 처한 이 상황을 정말 그럴 수 있을까? 무뎌진다는 건 누군가에 잊혀진다는 것일 텐데.

살면서 기억에서 잊혀 지지 않는 순간은 누구에게나 있다. 그게 기쁨일 수도 있고 슬픔일 수도 있겠지만 나에게도 그런 잊혀지지 않는 순간들이 있다. 간호사가 되어 첫 유니폼을 입고 거울을 보던 20대의 대견한 모습도 있고, 엄마와 이별하던 마지막 날의 가슴 아픈 기억도 있다. 그리고 오늘 코로나19가 남긴 또 하나의 기억을 새긴다.

2020년 2월 29일 첫 확진 환자를 시작으로 지금까지 코로나19

병동에서 살고 있다. 바뀌는 건 한순간이었다. 나의 일상이었던 호스피스병동은 코로나19병동으로, 유니폼은 방호복으로, 그리고 남은 삶을 함께 지켜주던 말기환자와 가족 대신 코로나19라는 상처를 지닌 환자로 바뀌었다.

사명감과 열정으로 채운 내 안에는 또 다른 이름의 두려움도 있었다. 이 봄이 지나가면 수그러들겠지, 더운 여름이 가기 전에 줄어들 거야 하는 간절함으로 각각의 계절을 보내고 이제는 전 국민 백신접종이 이루어지면 끝날 거야라는 절박함으로 버티고 있다.

추위가 정점을 찍던 겨울 한복판에서 나는 폭발했다. 세상을 향해 소리치고 누군가를 붙잡고 흔들며 몸부림치고 온몸으로 절규했다. 아니, 실상 나는 그러지 못했다. 그냥 혼잣말로, 속으로만…. 또 그렇게 한숨을 지었다. 자가격리 10일차에 느꼈던 감정이다.

처음엔 경증의 코로나19 환자 치료를 담당했다. 시간이 길어지면서 어느 순간부터는 우리도 지쳐갔다. 하루가 지나면 괜찮아질까, 자고 일어나면 확진자 수가 좀 줄었을까. 장기 요양 시설에 감염 전파가 되면서 와상 환자분들이 입원되었다. 대부분 자신이 누구인지 순간순간 잊고 거동이 자유롭지 못하고 스스로 수저 드는 법이며 옆에서 챙겨주지 않으면 씹고 삼키는 동작도 어려운 분들이다. 이제는 목소리를 내는 법도 잊어버리셨나 보다. 귀를 기울이고 입모양을 자세히 보아야 겨우 알 수 있다. '나, 이제 가고 싶어.'

#코로나19_위기에서 #고군분투_중인 #간호사

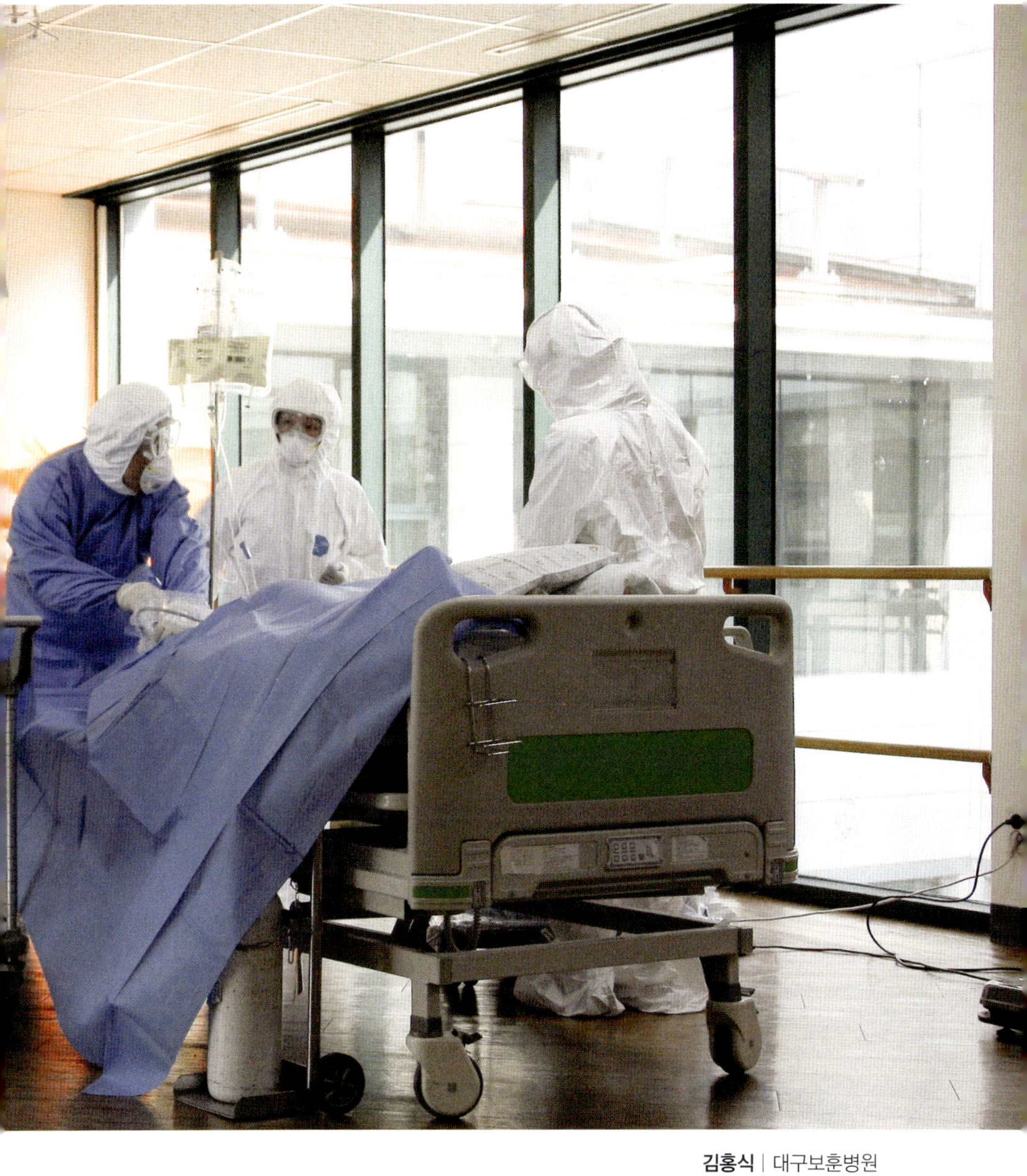

김홍식 | 대구보훈병원

이분들을 돌보면서부터 부쩍 눈물이 많아졌다. 내 안에 한숨도 늘어갔다. 방호복 안에서 나를 적시는 게 땀인지 눈물인지도 모르겠다. 업무를 마치고 나오면 항상 두 눈이 발갛게 충혈되어 있었으니.

각각의 계절들이 한 바퀴 찾아오는 시간 동안 집과 병원만 오갔다. 동료 가운데서 발생한 한 명의 확진자를 시작으로 주변의 간호사들 가운데 자가격리가 이루어지고 코로나19병동 근무자들에게 시행되던 코로나19 정기검사가 전 직원으로 확대되었다.

전 직원 3차 전수조사가 이루어지고 다음날 새벽 연락을 받았다. 검사 결과, 우리 병동에서 양성 확진자가 나왔다는 말을 듣는 순간 '올 것이 왔구나' 하는 생각이 들었다. 처음엔 믿겨지지 않았다. 설마, 사실일 리 없어. 오류겠지. 우리가 얼마나 열심히 감염수칙을 준수하고 또 서로의 안전을 위해 이중 삼중의 모니터링과 피드백까지 주고받았는데…. 누구보다도 우리가 서로의 증인이었으니까. 그렇게 나는 정말 말 그대로 자다가 날벼락을 맞았다. 내 의지와는 상관없이 엄마로 아내로 우리 가족을 지켜주던 존재에서 이제는 가장 위험하고 안전하지 않은 사람이 되었다.

아침에 담당공무원으로부터 연락이 왔다. 자가격리자 안전보호 앱 설치 안내와 격리 통지서를 받았다. 격리통지서에 적힌 「감염병의 예방 및 관리에 관한 법률」과 '본 격리조치에 따르지 않을 경우'란 문구에 분노가 일었다. 우리가 무슨 잘못을, 어떤 실수를 했는데…. 다만 묵묵히 그저 열심히 했을 뿐인데.

하루 이틀이 지나자 환자들이 호소했던 증상들이 나에게도 비슷하게 느껴지는 것 같다. 기분 탓이려니, 건조해서 그러나 보다 하면서도 내 안의 불안감은 쉬이 사그라들지 않고 그 덩치를 키워 간다. 자고 일어나면 머리가 아픈 것도 같고, 목이 잠기는 것도 같고, 일명 '같기도' 증상이 나타나기 시작했다.

이미 낮밤은 바뀌었다. 같은 날 자가격리 중인 한두 명의 동료에게서 두통을 동반한 고열이 나고 설사가 시작됐다는 얘기를 듣는 순간 눈물이 났다. 잘 지내니? 괜찮아? 나와 동료에게 전하는 안부 인사다. 서로의 안녕이 소중해진다.

그리고 며칠의 시간이 더 흘렀다. 누군가는 그런다. 엎어진 김에 쉬어간다고 맘 편히 가지라고. 그러기로 했다. '걱정을 한다고 걱정이 없어지면 걱정이 없겠네'라는 티베트 속담처럼 걱정을 없애고 내 안의 긍정의 힘을 키워 보련다.

학교를 졸업하고 지금까지 두 번의 출산에서 생긴 분만휴가 2개월씩 총 4개월을 제외하고는 쉼 없이 오늘까지 왔다. 지칠 만도 하다. 그중에서도 지난 1년은 정말 힘들었다. 다행히 자가격리 해제 전 검사에서 음성이 나왔다. 그리고 언젠가부터 나의 일상이 되어버린 코로나19병동으로 다시 돌아왔다.

당시로 시간을 되돌린다면 나는 그 순간 어떤 말을 듣고 싶었을까? 내가 어떻게 했기 때문이 아니라, 무조건적인 위로와 그동안의 수고에 대한 인정을 받고 싶었다. 내가 원한 건 토닥임이었다.

나와 우리는 '그리고'를 위해 잠시 쉬어간다. 또한 안전지대 밖에서 근무하는 우리에게 부디 이 위험을 무릅쓸 수 있는 용기가 충만하기를 감히 바라본다.

벌써 6월, 다시 중무장을 한다. 코로나19를 물리칠 수 있는 '용기'라는 창과 확진환자의 상처받은 몸과 마음을 위로하고 보듬어 줄 수 있는 '사랑'이라는 방패를 들고. 어렵고 힘든 고비마다 함께하는 동료와 사랑하는 가족이 있어 고맙고 감사하다. 부디 이 시간들을 코로나19와 싸워 이긴 벅찬 기억으로 남길 바란다. 끝날 때까지 끝이 아닌 싸움에서 우린 쓰러지지 않고 마지막 끝까지 싸울 거니까.

코로나19를 물리칠 수 있는
'용기'라는 창과
확진환자의 상처받은
몸과 마음을 위로하고
보듬어 줄 수 있는
'사랑'이라는 방패를 들고

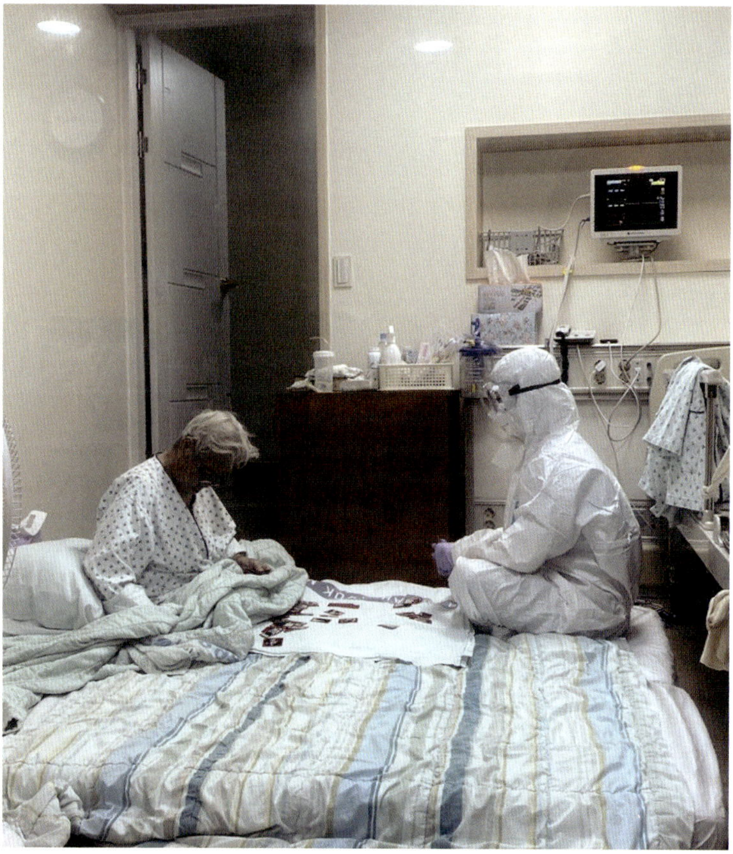

송주연 | 삼육서울병원

#화투와함께

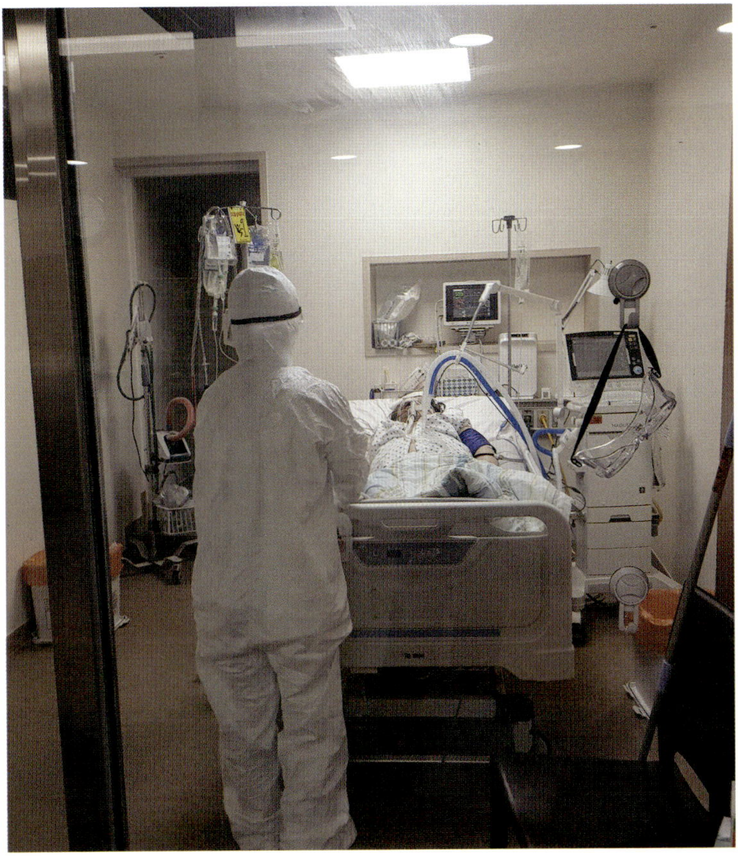

송주연 | 삼육서울병원

#산소수치가_오르지않는 #환자곁을_밤새지키는의료진

38일간의 사투

심묘락 | 서린요양원

뜻밖의 일이었다. 내가 경상북도 경산에서 코로나19 예방 백신 제1호 접종자가 되었다. 최초 접종자라고 언론에서 인터뷰를 하고 다큐멘터리도 찍어갔다. 나의 일상이 지역 일간지 이곳저곳에 보도되었다.

나는 노인요양시설에서 간호부장으로 근무하고 있다. 코로나19 초창기에 널리 알려진 지역, 대구시와 청도군 사이에 자리 잡고 있는 경산의 작은 요양시설이다. 이곳에서는 어르신 78명을 50여 명의 직원이 돌보고 있다.

지난해 겨울, 온 나라가 느닷없는 감염병에 들썩이기 시작했다. 이전 대학병원에서 근무할 때는 의료 인력과 장비가 충분하여 신종플루, 메르스, 사스 등 감염병이 닥쳐왔을 때도 이렇게 불안하지는 않았다. 더군다나 이곳 시설에서는 의료인이 나 혼자뿐이다. 불안에 떨면서도 직원들에게 감염예방 교육을 하고, 입소 어르신들에게도 예방 수칙을 지키며 돌보고 있었다.

2월 말경, 시에서 우리 시설에 코로나19 확진자와 밀접 접촉한 직원이 있으니 검사를 받으라는 연락이 왔다. 그것은 큰 파장을 예고했다. 아니나 다를까 직원이 확진자 판정을 받았다. 그 직원과 접촉한 직원과 어르신들도 검사 결과 다수가 양성으로 나왔다. 우리 요양원은 전국 최초로 코로나19 집단감염 시설이 되었다. 요양원은 즉각 폐쇄되었다. 모든 문이 잠기고 건물 전체가 황색 테이프로 둘러쳐졌다. 코호트 격리가 시작된 것이다.

노인요양시설은 일상생활이 어려운 어르신들이 머무는 곳이다. 스스로 물 한 모금, 밥 한술 뜨지 못하는 분들이 대부분이다. 대소변도 도움 없이는 처리하지 못한다. 면역 상태 또한 측정하기 어려울 정도로 낮다. 그곳이 하루아침에 외부와 차단된 것이다.

코호트 격리 첫날, 나는 요양원 안으로 들어가야 했다. 공공기관에서 나온 직원들은 강하게 제지했지만, 시설 안의 상황을 누구보다 잘 아는 나는 도리어 그분들을 설득했다. 간호사라는 사명감에 덴탈 마스크 한 장에 나를 맡기고 요양원으로 들어갔다.

내가 먼저 사지에 뛰어들어 직원들에게 출근해 달라고 설득을 했다. 물론 나도 코로나19에 대해 잘 알지 못했다. 오로지 보건소와 긴밀한 협조를 유지하며 전달되는 규정과 지침을 지키는 수밖에 없었다. 나의 설득에 위험을 무릅쓰고 직원들이 동참했다.

방호복과 고글, N95 마스크를 처음 착용한 직원들의 피로감은 점점 커져 갔다. 어르신들 또한 마찬가지였다. 평소 보지 못한 복장을 한 사람들이 왔다 갔다 하는 것 자체를 보고 두려워하는 모습이 역력했다.

밀접 접촉한 어르신 중에 세 명의 확진자가 또 발생하여 수차례의 전수조사가 이루어졌다. 그때마다 확진자가 생겼다. 확진자가 되어도 입원 치료를 받을 수가 없었다. 정부에서도 이렇게 확산되리라는 예측을 못하여 병상이 확보되지 않은 상황이었다. 요양원 내에서 확진자와 비확진자가 함께 있을 수밖에 없었다.

전날 전신 목욕을 시켰던 어르신이 다음날 확진자가 되어도 나는 꿋꿋하게 업무에 집중했다. 생활실을 조정하여 확진자들을 격리시키는 방법을 강구했다. 층을 나누어 격리하고 거실에는 격벽을 설치했다.

확진자가 발생할 때마다 코호트격리 기간은 자동으로 14일씩 늘어만 갔다. 밀접 접촉한 직원들은 자가격리에 들어갔다. 근무하는 직원이 달랑 몇 명 남지 않은 한계상황에 도달했다. 대체 인력을 구하기 위해 높은 임금을 제시하여도 찾아오는 사람이 없고, 혹여 나온다 해도 이삼일 근무하고는 나가버렸다. 방호복을 착용하고 근무하는 일은 상상 이상으로 고통스러운 일이기 때문이었다.

자가격리가 끝난 일부 직원들이 업무에 복귀하였으나 상황은 역부족이었다.

대형병원들이 입원실을 마련하여 코로나19 환자들을 치료하기 시작하였다. 국공립 병원들도 차차 병상을 확보하여 코로나19 확진자가 입원 치료를 받을 수 있게 되었다. 확진된 직원과 어르신들은 모두 병원과 치료시설로 이송되었다. 직원 8명과 어르신 17명이었다. 생활치료 시설들이 개설되어 무증상 확진자인 직원들도 차례대로 이송되었다. 상태가 위급한 직원이 국립의료원으로 이송되어 인공호흡기에 의지하고 있다는 소식에 절망하였고, 입원 중인 어르신의 사망 소식에 울음바다가 되었다.

요양원에 남은 어르신들을 직접 돌보는 일부터 간호부장 업무를 소홀히 할 수 없어서 나는 24시간이 모자랐다. 근무하고 있는 요양보호사들을 격려하고 힘든 마음도 감싸주어야 했다. 매일 수도 없이 보내오는 공문서와 지침을 확인한 후, 일일이 답을 보내고 직원들에게 전달했다.

직원들이 어르신들을 생각하는 마음은 대단했다. 잠시 쉬다가도 식사 시간이 되면 벌떡 일어나 수발을 들었다. 어디서 그런 힘이 솟아나는지 놀라웠다. 우리가 아니면 누구도 할 수 없는 일이란 걸 너무도 잘 알고 있기 때문이었다. 힘들수록 더 협조적이고 서로를 격려하며 단단해져 갔다. 며칠 후면 코호트격리가 해제되리란 희망에 서로를 의지하여 이 전쟁이 어서 끝나기를 바라며 버텼다.

시설 내의 상황이 수그러들면서 코호트격리 해제가 예상되자, 어르신들과 직원들의 전수검사가 시행되었다. 결과를 기다리는 동안 심장이 타는 듯했다.

늦은 밤, 청천벽력 같은 검사 결과를 전해 받았다. 코호트격리가 14일 연장된다는 것이었다. 다시 처음으로 돌아가서 보이지 않는 적과 더욱더 힘든 전쟁을 치르라는 통보였다. 절망으로 직원들의 사기는 땅에 떨어졌고 몸과 마음이 한줌 기운도 없이 소진되었다. 아, 이 전쟁이 언제 끝날지 알 수 없다고 느껴졌다. 공교롭게도 어느 나라 노인요양원에서 백여 명이 사망하였다는 보도가 위기감을 한층 더 고조시켰다.

외롭고 무서웠지만 견뎌야만 했다. 직원들과 어르신들을 지켜야 한다고 스스로 다짐하고 또 서로의 눈빛으로 다짐했다. 두 시간도 아니고 24시간 방호복을 입고 최일선에서 어르신들을 돌봐야 하는 우리에게는 오로지 소명감이 힘이었다. 다만 국가적으로 관심이 집중되어 여러 면에서 신속하게 지원을 받는 대형병원들의 소식을 접하게 되면 소외된 기분이 들어 서러움이 복받치기도 했다.

우리 요양원은 자원봉사자도 한 명 없었다. 인력과 물품도 부족하여 마스크 한 장, 장갑 한 켤레도 아껴야 했다. 간식이나 도시락을 주문할 때도 코로나19 감염시설이라고 매번 거절당했다. 가족이나 지인들이 택배를 부탁해도 배달하기 어렵다는 대답이 돌아왔고, 배달을 온다 해도 도로변에 물건을 두고 도망치듯 달아났다.

직원이나 어르신이 병이 나서 아파도 진료를 받을 수가 없었다. 우리 요양원은 점점 전염병 환자들이 모여 있는 절해고도(絕海孤島)가 되어 갔다.

지친 몸을 이끌다가 풀썩 의자에 주저앉으면 그 자리가 쪽잠자리가 되었다. 갇혀서 죽는 꿈을 꾸다가 소스라치게 놀라 깬 적이 한두 번이 아니었다. 어디에도 도움을 호소하기 힘들었다. 드러나는 일이 아니라도 빛나는 일이 아닐지라도 나의 직분이기에 최선을 다해 코로나19와의 전쟁에 맞서는 수밖에 없었다. 선택의 여지가 없는 일이지 않은가.

벚꽃이 흩날리는 지난해 4월, 드디어 코호트격리 해제를 위한 전수검사가 시행되었다. 하루 뒤면 결과가 나온다. 코호트격리가 해제되기를 기다리는 내내 서러움이 복받쳤다. 38일간의 사투가 헛되지 않기를 기원하는 마음이 그토록 간절할 수 없었다.

이튿날 아침, 막힌 가슴이 뻥 뚫리는 소식이 날아들었다. 긴 터널을 빠져나오니 세상은 봄 햇살로 눈부셨다. 방호복을 벗고 서로 부둥켜안았다. 눈물이 쏟아졌지만, 서로를 바라보며 웃었다. 비록 외진 지역의 요양원이었지만 우리 용사들이 38일간의 전쟁을 끝내고 당당하게 퇴근하는 모습에 가슴이 벅찼다.

일 년이 지난 지금, 우리 요양원은 최초의 코로나19 집단감염 시설이라는 전설로 회자되고 있다. 하지만 전쟁 같은 시간을 견뎌내고 안정을 찾았다.

초여름의 푸른 나뭇잎이 싱그럽다. 직원들과 어르신이 정원에 나와서 산책을 한다. 평화로운 풍경이다.

김현동 | 인제대 부산백병원

#사투

코로나19를 이겨낸 인연처럼, 우리는 코로나19를 극복할 겁니다

이관주 | 서울아산병원 간호사 가족

모든 가게들이 영업을 마무리하는 시간인 밤 10시, 길거리에 사람들이 쏟아져 나온다. 누군가는 술에 취해 비틀거리고 누군가는 마스크를 벗은 채 고래고래 소리를 지른다. 절로 한숨이 나오는 모습을 뒤로하고 아내는 나이트 근무 출근길에 나선다. 차량 조수석에 앉은 아내는 아무 말 없이 그저 덤덤하게 앞만 바라본다.

"무슨 생각해?"

침묵을 깨고 슬며시 물어보면 "아무 생각도 안 해"라는 대답이 돌아온다. 흡사 전쟁터에 보내는 심경이 이럴까. 코로나19라는 세계적 재난과 맞서 최전선에서 싸우고 있으니 틀린 말은 아닐 것이다. 병원에 도착한 아내는 "오늘도 독수공방이네"라는 애교

섞인 투정에 "나 없어도 잘 자야 돼"라며 손을 몇 번 흔들어주고는 이내 환자들에게 향했다.

대학 동창의 소개로 아내를 처음 만난 것은 지난해 4월이었다. 대구·경북지역을 중심으로 '1차 대유행'이 확산되며 코로나19 확진자가 늘어나던 시기였다. 나중에 안 사실이지만, 아내는 당시 나를 만나러 나오기를 주저했다고 한다. 시기도 시기였거니와 원래 소개받기로 했던 이가 사정이 생겨 속된 말로 '땜빵'하러 나온 남자였으니 망설여진 것도 당연하다. 그런 줄도 모르고 나갔던 자리에서 나는 아내의 차분함과 자신의 일을 대하는 태도, 다른 사람을 배려하는 모습에 매료됐다. 동성동본에 돌림자까지 같다는 사실을 알고는 집에 가자마자 족보를 들춰볼 정도였다. 가까운 친척이 아님을 확인한 후에야 겨우 안도할 수 있었다.

그렇게 우리의 인연은 코로나19와 함께 시작됐다. 병원의 코로나19 대응 지침이 그리 엄격할 줄은 생각도 못 했다. 밖에서 데이트를 하고, 함께 밥을 먹는다는 것은 상상도 할 수 없었다. 수원에서 출발해 1시간이 걸려 병원에 도착하면, 아내를 차에 태우고 곧장 집으로 돌아와 배달음식을 시켜 먹었다. 더 맛있는 음식을 먹이고 매일 피곤에 절어 퇴근하는 아내에게 좋은 풍경도 보여주고 싶었다. 아쉬움도 많았지만, 그래도 코로나19 시국에 그저 아무 일 없이 아내를 볼 수 있다는 것만으로도 행복을 느꼈다.

시간이 지나면 나아질 거라 생각했는데 코로나19는 좀처럼 사그라지지 않았다. 조금씩 사랑을 싹 틔워 가던 우리에게도 변화의 계기가 찾아왔다. 작년 8월 '2차 대유행'이 발단이었다.

당시 종양내과에서 근무하던 아내는 코로나19 확진자 병동 파견을 자원했다.

"갈 사람이 나밖에 없어. 내가 가도 괜찮을까?"

조심스러운 아내의 물음에 걱정이 앞섰다. 백신도 없었고, 방호복 하나에 의지해 환자를 돌봐야 하는 자리였다. 하지만 그런 우려의 말은 단 한 마디도 꺼낼 수 없었다. 이미 아내의 눈빛에는 단단한 각오가 서려 있었다. 자신에게 주어진 책임을 외면하지 않는 사람임을 알기에 할 수 있는 말은 정해져 있었다.

"어떤 선택을 하더라도 오빠는 민주를 응원할 거야. 걱정하지 마."

그렇게 아내는 9월부터 코로나19병동 근무를 시작했다. 정작 자신의 부모님에게는 걱정하실 게 뻔하다며 코로나19 확진자를 돌본다는 말을 하지 못했다.

추석을 앞두고 처음으로 당진에 계신 장인·장모님께 인사를 드린 뒤 서울로 올라오는 길, 아내는 옆에서 하염없이 눈물만 흘렸다. 그토록 강인해 보였던 아내가 처음으로 눈물을 보인 날은 잊을 수가 없다.

확진자 병동에 가기 시작한 이후 아내는 눈에 띄게 수척해졌다. '레벨D' 방호복을 입고 하루 종일 환자를 돌보는 일은 당연히 쉽지 않았을 테다. 가뜩이나 가녀린 아내의 몸무게는 3kg 가까이 빠졌고 어깨와 허리, 날갯죽지는 항상 근육이 똘똘 뭉쳐있었다. 손발의 습진은 더욱 심해져 가장 강한 연고를 바르더라도 쉽사리 낫지 않았다. 퉁퉁 부은 종아리를 이끌고 무겁게 집에 돌아오면 지쳐 쓰러지기 일쑤였다. 12월 '3차 대유행'이 시작되면서 이러한 체력 소모는 더욱 심해졌다. 해줄 수 있는 것은 그저 뭉친 근육을 풀어주고, 손발에 연고를 발라주는 일밖에 없었다. 새로운 습관도 생겼다.

"오늘 환자 몇 명이야", "오늘 괜찮았어?", "환자들은 어때?"

하루하루 상황을 물어보며 아내의 상태를 체크하기 시작했다. 그렇게 안쓰러운 표정으로 바라보고 있는 나에게 아내는 오히려 "해야 할 일을 할 뿐"이라고 담담하게 대답했다. 아마 그때쯤일 것이다. '이 여자를 평생 지켜줘야겠다'고 다짐한 때가.

그렇게 우리는 올해 4월 3일 백년가약을 맺었다. 결혼식 때 아내에게 약속한 것이 있다. 아내가 온 힘을 다해 환자의 생명을 지키듯, 아내를 한평생 지켜주겠다고. 언제나 기대어 쉴 수 있는 듬직한 남편이 되겠다고. 영웅도, 나이팅게일도 아닌 당신을 평생 사랑하겠다고. 오늘도 그 약속들을 잘 지키고 있는지 반성하며 더 나은 남편이 되겠다고 다짐해 본다.

결혼 이후에도 아내의 삶에 큰 변화는 없다. 여전히 코로나19

확진자는 발생하고, 묵묵히 방호복을 입은 채 환자들을 돌보고 있다. 퉁퉁 부은 다리도, 손발의 습진도 좀처럼 나을 기미가 없다. 집에 돌아오면 얼굴에는 방호복에 눌린 자국이 선명하다. 아내가 그만큼 환자를 위해 최선을 다했다는 흔적들이다.

아내의 헌신 속에 이름 모를 환자들은 병마를 이겨내고 일상으로 돌아가고 있다. 아내가 환자들에게 힘이 되는 것처럼, 나 또한 아내가 힘들 때 언제든 기댈 수 있는 든든한 버팀목이 되어야겠다고 재차 다짐한다. 아내의 종아리가 원래대로 돌아오고, 손발의 습진이 없어지는 그날이 코로나가 종식되는 날일 테니 말이다.

이 수기를 쓰는 지금 이 순간, 다시 '4차 대유행'이 찾아왔다. 아내가 돌봐야 할 환자가 더욱 늘어날 것 같아 걱정도 되지만, 이 고비를 극복할 수 있다는 희망을 가져본다. 우리 부부의 인연이 코로나19를 이겨낸 것처럼 사람이 가진 사랑과 헌신을 코로나19가 절대 이길 수 없다고 확신한다.

오늘 아내의 퇴근길에는 그동안 미처 하지 못했던 말을 전해보려 한다. "당신이 자랑스러워. 내 곁에 있어줘서 고마워. 우리 함께 이겨내자. 사랑해"라고.

아내가 온 힘을 다해

환자의 생명을 지키듯,

아내를 한평생 지켜주겠다고

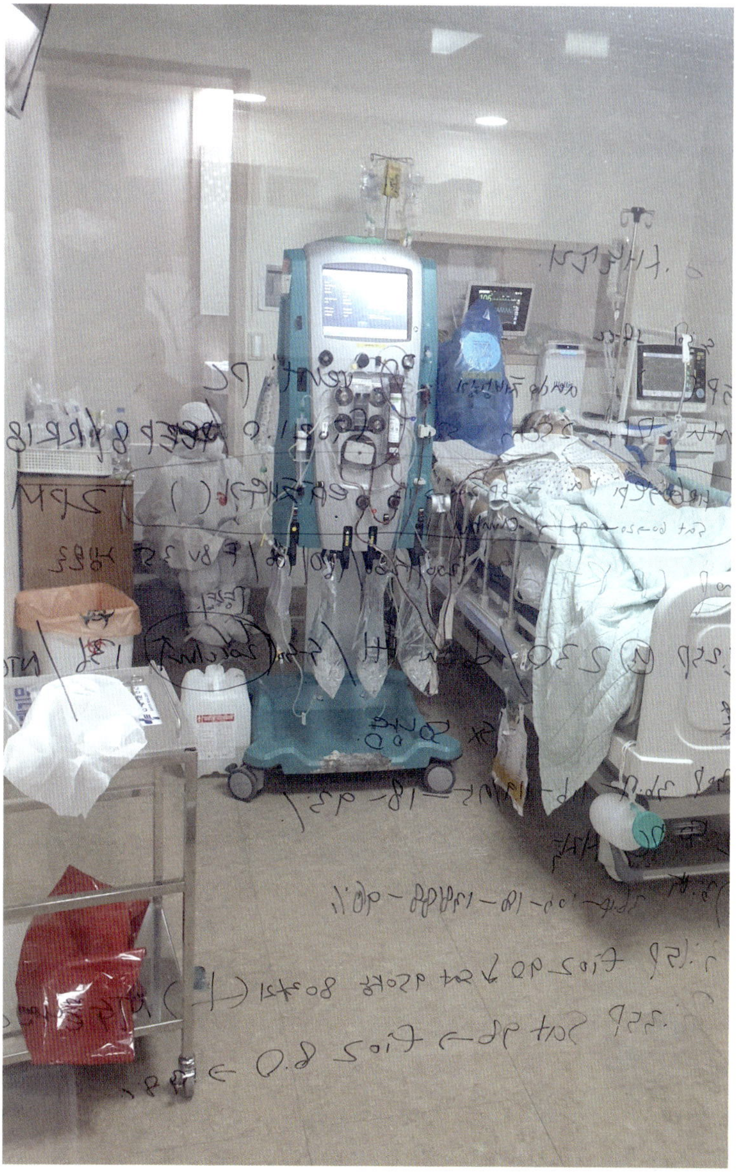

송주연 | 삼육서울병원

#소변이잘나오길_바라며 #CRRT옆에서

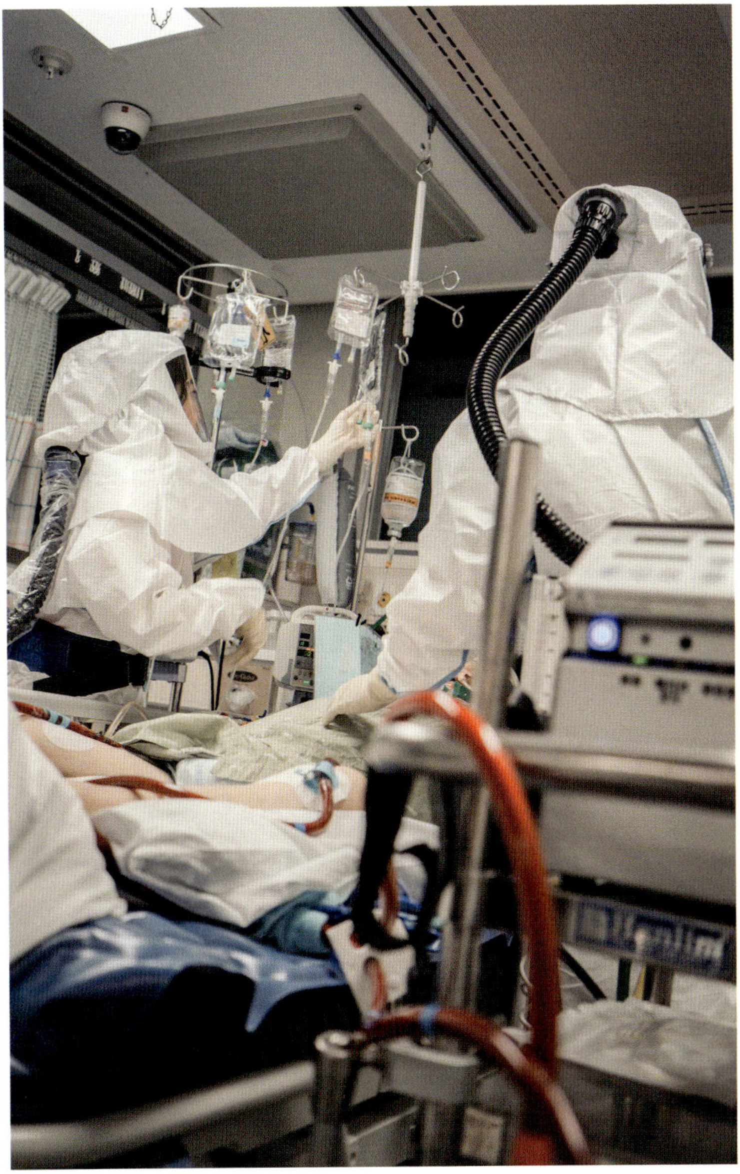

양태영 | 강북삼성병원

#끝나지않는전쟁

나의 간호의 역사 한 페이지, 우리의 간호의 역사 한 페이지

이민주 | 서울아산병원

누군가는 무모하다고 했고, 다른 누군가는 용기 있다고 했다. 주변의 어떤 이들은 "왜, 꼭 너였어야만 했냐"고 말했고, 또 어떤 이들은 "너라서 자랑스럽다"라고 말했다. 나는 그 사람들에게 "누군가는 해야 할 일이었고, 그 누군가가 내가 된 것뿐"이라고 이야기했다.

첫 연락은 많이 두려웠다. 대구와 경북 지역에서 집단감염이 발생했던 2020년 2월, 전국의 의료진과 병원에 협조 요청이 왔다. 재직 중인 병원에서도 의료진을 파견하기로 결정하였고, 지원자를 받았다. "제가 가도 될까요?"라며 손을 들었다. 당시 병동의 다른 간호사들은 결혼하여 가정이 있었고, 아이들이 아직 어리거나 임신 계획이 있는 간호사들도 있었다. 미혼인 후배 간호사들은 너무 어렸다. 코로나19 바이러스가 서울까지 광범위하게 퍼지지 않은 상태였기 때문에 예방적으로 선제격리가 필요한 환자들을 병동에서 보며, 다 같이 힘든 시간을 이겨내고 있는 중이었다. 그저, 도움이 되고 싶었다. 누군가에게 도움을 줄 수 있다면, 내가 그 도움이 된다면 좋겠다고만 생각했다. 그리고 지원을 한 당일, 연락이 왔다.

'선생님, 국립정신보건센터 지원 요청이 있어요.' 메시지를 확인하고 답을 하기까지 약 2~3분의 시간 동안 잠시 머뭇거렸다. 청도대남병원에서 확진 판정을 받은 중증환자들이 서울의 국립정신보건센터로 이송되었다는 뉴스를 본 직후였다. '진짜 가는 건가 보네. 괜찮을까?', '엄마, 아빠한테는 이야기하지 말아야겠지?', '생각만으로 결정한 것이 잘한 일일까?', '혹시 나도 감염될까?', '그래도 내가 조금이나마 도움이 되지 않을까?'

순간, 찰나의 두려움이 두 눈에 방울방울 고였고, 수간호사 선생님은 '다음 기회를 조금 볼까요? 병원에서도 파견을 많이 걱정하고 있어요'라며 메시지를 이어 보내셨다. 마치 내 손끝에서 망설임의 눈물을 읽으신 것처럼.

그렇게 다른 사람들에게 빚을 진 것 같은 기분이었다. 내가 아닌 다른 사람이 간 그곳의 환경은 열악했다고 했다. 얼굴에 테이프를 덕지덕지 붙이고 반창고를 붙인 그 모습을 볼 때마다, 수술복이 땀에 흠뻑 젖은 사진을 볼 때마다, 한 사람의 도움이라도 절실하다는 보도를 접할 때마다 마음이 저릿했다. 그분들도 두려웠다고 했다. 하지만 그곳에 환자가 있기에, 나의 도움이 필요한 사람이 있기에 지체 없이 달려갔다고 한다.

단단한 눈빛을 보며 다시금 결심했다. 간호사는 도움이 필요한 사람의 옆을 지켜주는 사람이라는 것, 필요한 도움을 주는 것은 내가 할 수 있는 것만 하는 것이 아니라는 것을 말이다. 도움이 될 수 있는 사람이 되고 싶다는 생각보다, 그저 힘든 사람들 옆에서 이 시간을 함께 이겨내고 싶은 마음이 들었다. 그리고 다음 기회가 찾아왔다.

"본원 혈액내과 병동에서 코로나19 바이러스 확산이 되었습니다. 확진 판정을 받은 환자들이 많이 나오고 있어요. 따라서 본원 병동 1개를 확진자 전담병동으로 운영하려고 합니다. 격리구역에서 일할 간호사들이 더 필요한데, 지원자가 있나요?"

2020년 8월의 일이었다. 혈액내과 환자의 특성상 항암치료 및 조혈모세포 이식으로 인해 면역이 저하되어 확진 결과가 거듭되고 있었다.

"선생님, 제가 갈게요."

나는 다시 손을 들었다.

"괜찮아요. 제가 가겠습니다. 다들 힘든 시간을 보내고 있잖아요. 누군가가 해야 할 일이라면 제가 하겠습니다. 더군다나 저는 조혈모세포이식 환자와 혈액내과 환자들을 간호한 경력도 있잖아요. 가정이 있고 아이가 있는 선생님들보다, 아직은 어린 후배들

보다, 저는 미혼이고, 경험도 더 많잖아요."

그렇게 레벨D 방호복을 입고 격리구역의 출입문을 넘었다.

종양내과 간호사 10년의 경력은 새로운 유행성 감염병 앞에서 속수무책이었다. 처음 레벨D 방호복을 입고 격리구역으로 들어간 날, 확보되지 않는 시야와 한증막에서 일하는 것 같은 답답함, 귀에서 윙윙 울리는 전동식 호흡장치(PAPR)의 기계음 때문에 내가 지금 무슨 일을 하고 있는지조차 생각할 수 없었다. 환자의 산소포화도는 점차 떨어지는데 몸은 둔하고, 정신은 아득했다. 기본적인 처치만 하는 것으로도 나에게 주어진 시간이 지나가 버리곤 했다. 아직 여름이 다 가지 않은 9월, 옷을 벗을 때마다 보호구 안에 흐르는 땀을 마주하고, 손과 발에는 습진과 피부염이 생겼다. 모두가 처음 겪는 상황인지라 좌충우돌의 연속이었다. 안에서 보호구가 찢어지기도 하고 노인 환자의 대부분은 섬망이 생겼다. 모든 처치를 거부하고 공격적으로 변한 환자들을 간호사들이 온몸으로 막았다. 갈수록 나빠지기만 하는 환자들에게 기관삽관과 지속적 신대체 요법(CRRT)을 시행하였다. 하지만 결국 코로나19 바이러스를 이기지 못하고 우리의 손을 떠난 환자들도 있었다. 2020년 늦여름과 가을, 그리고 겨울을 그렇게 보냈다.

2021년 7월, 10개월이 지난 지금도 나는 격리구역 안에서 레벨D 방호복을 입고 있다. 현재는 병동에서 자원 온 간호사가 아닌,

응급간호팀으로 소속을 바꾸어 일하고 있다. 10개월의 시간 동안 코로나19 확진환자 전담 병동에서 2차 대유행과 3차 대유행을 겪었다. 종양내과 환자의 항암치료를 진행하기도 했고, 요양병원에서 전원 온 노인 환자분들이 계실 때도 있었고, 소아 환자들이 엄마와 함께 있었던 시간도 있었다. 추운 겨울밤, 전원 예정인 환자를 태운 구급차를 기다리며 수술복과 방호복만을 입은 채 20분을 밖에서 떨기도 했다. 그럴 때마다 호흡기내과와 중환자실, 소아과, 외과, 격리중환자실, 유행성감염병대응팀(eEIDT)등 많은 부서에서 지원 온 선생님들이 함께 하였다.

서로의 부족한 부분을 보완하고 같이 해결책을 찾아보고 고민하는 시간들이 쌓이면서, 이제는 눈빛만 봐도 통하는 사이가 되었다. 보호구 후드 너머 동료의 눈을 읽으며, 격려를 받고 위로를 하며, 응원을 하고 마음을 나눈다. 이 시간을 함께 버텨나가는 사람들이 있기에, 그리고 우리를 간절히 기다리는 사람들이 있기에, 그 사람들의 옆에서 이 시간을 같이 이겨내고 싶다.

"저 살아서 나갈 수 있을까요? 집으로 가고 싶어요."

간호사로 일하면서 참 많이 들었던 이야기였다. 말기 암 환자들을 보면서 나는 항상 저 물음에 명확한 대답을 하지 못했었다. 물음에 대한 정확한 답을 환자도 나도 알고 있었다. 환자는 자신의 힘든 상황을 '집에 가고 싶다'라는 말로 표현했었고, 나는 그 마음을 알아차렸음에도 고민하는 얼굴로, 침묵으로 대신했었다.

그리고 이 격리구역 안에서, 나는 저 질문을 다시 받는다.

"제가 이 방문을 살아서 나갈 수 있을까요? 집으로 가고 싶어요."

이송장치에 쌓인 채 출입제한구역을 명시하는 스티커가 덕지덕지 붙은 철문을 지나 병실로 들어오는 환자들이 처음으로 말하는 이야기이다. 이제는 이렇게 답변드린다.

"두렵고 무서우시죠? 저희들이 TV에서만 보던 우주복 같은 것을 입고 있어서 더 마음이 힘드실 거예요. 하지만 저희가 이제 옆에 있어 드릴게요. 저희와 같이 함께 이겨내시면 됩니다. 이 방문을 열고 퇴원하는 날까지 저는 힘껏 도와드릴 거예요."

올해는 내가 간호사가 된 지 10년이 되는 시간이다. 10년의 시간이 흐른 만큼 나는 초심을 잃었었다. 언젠가부터 마음을 읽어달라는 환자의 투정들은 컴플레인 혹은 불평·불만으로 여겼고, 출근할 때부터 퇴근할 때까지 몰아닥치는 업무를 하고 나면 까칠함과 예민함에 나조차도 내가 만들어낸 가시에 찔릴 때가 많았다. 공부를 하고 경험이 쌓이면서 지식과 임상에 대한 통찰력은 늘었지만 사소한 문제점들을 간과하고 중요하지 않은 상황으로 넘겨버리는 일도 많았다.

확진환자 전담 격리병동에서 나는 다시 신규간호사가 되었다. 모르는 부분들은 물어보고 찾아보며 공부하고, 혼자 격리되어 있는 환자들이 얼마나 두렵고 외로울지, 그 마음을 들어주고 공감한다.

지금까지 나의 '간호의 역사' 1장은 10년 동안의 종양내과 간호사였을 것이다. 그리고 나는 오늘 '간호의 역사' 2장 첫 페이지를 쓰고 있다. 다른 부서에서 지원을 온 간호사 선생님들이 병동으로 복귀하기 전, 나는 항상 이렇게 말씀드린다.

"선생님, 이곳에서 방호복을 입고 환자 옆에서 우리가 함께 견디고 버틴 시간들은 평생 잊히지 않을 기억이 될 거예요. 앞으로 간호사로서의 미래에 이 경험들이 힘든 순간은 인내하고, 기쁜 일은 더 기뻐할 수 있는 자양분이 될 수 있기를 소원합니다."

〈코로나 영웅, 대한민국을 간호하다〉 이 책을 올해 서점에서 보았을 때, 얼마나 가슴이 뛰고 자랑스러웠는지 모른다. 칭찬을 기대하지도, 응원과 보상을 바라고 간 자리는 아니었지만 누군가가 내 옆에서 어깨를 토닥이고 마음을 쓸어주는듯한 느낌을 받았다.

어쩌면 우리는 지금, 저마다의 '간호의 역사' 책을 한 권씩 쓰고 있는 것일지도 모른다. 한 페이지마다 한 줄 한 줄, 성심(誠心)과 최선을 다하면서 말이다. 그리고 우리 간호사들은 함께 대한민국의 '간호의 역사' 한 페이지를 쓰고 있는 중이다. 각자의 자리를 굳건히 지키며 내 가족과 친구들, 동료들의 옆자리에서 우리가 함께 이겨나갈 수 있도록.

그래서 나는, 우리는, 대한민국의 간호사들은 누군가는 무모하다고 한 그 자리에, 다른 누군가는 용기 있다고 한 그 자리에, 주변 사람들이 "왜 꼭 당신이 짊어지려고 하냐"고 말하는 그 자리에, 어떤 이들이 "당신이라서 자랑스럽다"라고 말하는 그 자리에

"나라서, 우리라서, 대한민국의 간호사라서 가는 것일 뿐, 그리고 그것이 우리가 할 일이고 앞으로도 우리가 해야 할 일"이라고 전해드리고 싶다.

"나라서, 우리라서,
대한민국의 간호사라서 가는 것일 뿐,
그리고 그것이 우리가 할 일이고
앞으로도 우리가 해야 할 일"이라고

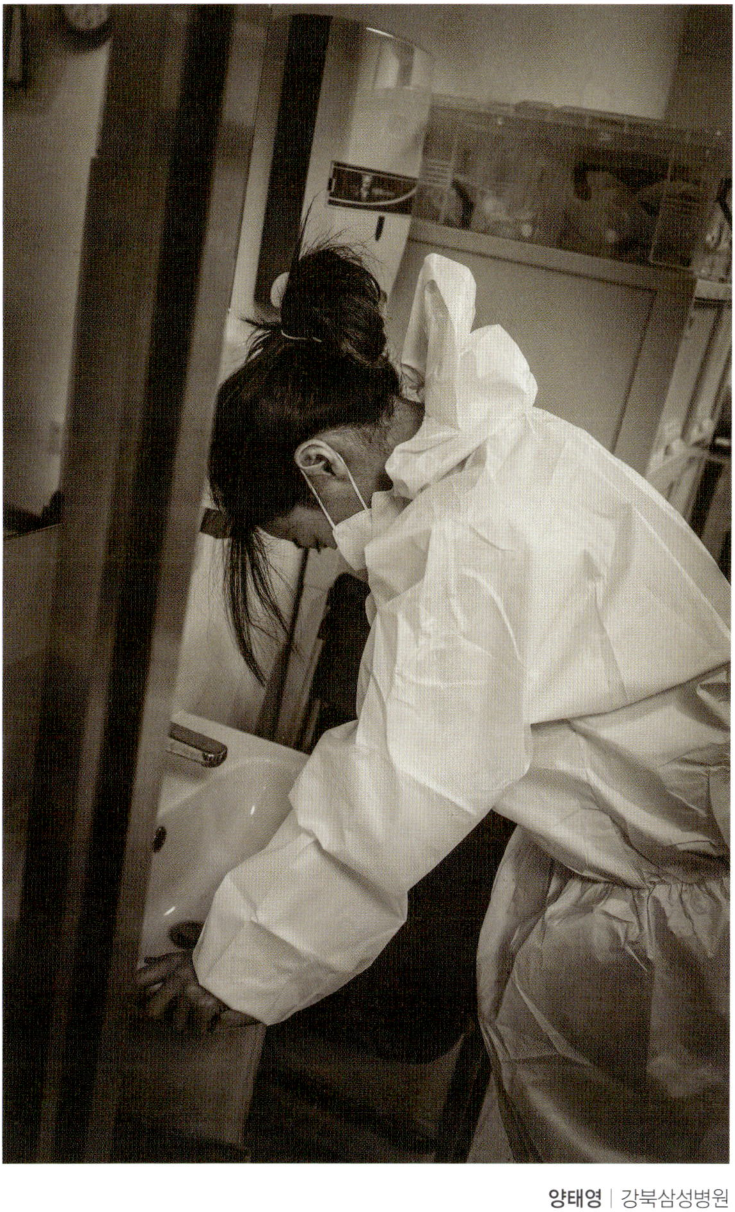

양태영 | 강북삼성병원

#끝나지않는전쟁

간호사에서 환자가 되던 그날의 기억

이선화 | 영남대학교병원

2020년에 접어들면서 중국 우한폐렴이 방송을 통해 알려지던 중 2월 대구 신천지 교인이 슈퍼 전파자가 되며 대구는 패닉 상태가 되었다. 하루에도 수백 명의 확진 환자가 발생되고 내가 근무하던 병동은 코로나19 치료병동으로 바뀌었다. 원래 결핵병동이었으나 코로나19 환자를 치료하기 위해 병동의 기존 환자들을 다른 병동으로 전실 보내고 코로나19 확진 환자를 받을 준비를 했다.

그리고 나는 얼마 전 코로나19 확진을 받고 내가 일하던 병동에 입원하게 되었다. 병실에서 뜨는 해를 바라보며 지난 시간을 되새기며 몇 자 적어본다.

대구에서 엄청난 수의 코로나19 확진 환자가 발생하면서 전 세계가 대구와 청도 그리고 한국을 기피하는 중에도 우리 간호사들은 철저한 보호 장구 착·탈의 방법을 배우고 익히면서 코로나19 확진 환자를 치료할 준비를 했다.

보호 장구(레벨D)를 착용하고 근무하는 것은 너무 힘든 일이었다. 일하는 동안 탈진, 호흡곤란, 피부질환 등 여러 가지 힘든 점이 많았음에도 우리 간호사들은 열심히 근무했다.

사태 초반의 열악한 환경은 한때 우리를 좌절하게 했다. 보호 장구 덧신이 부족해서 비닐봉투나 일회용 덧신을 신고 테이프로 고정하여 사용했고, 페이스쉴드가 부족해 소독약으로 닦고 재사용 하였으며 심지어 마스크도 부족했다. 몸도 마음도 지쳐가고 있던 중 대구를 돕기 위해 온 파견 의사, 간호사, 임상병리사, 간호조무사들과 우리를 응원하는 수많은 격려의 말들이 우리에게 힘과 용기를 주었다.

일을 하면서 육체적으로도 힘들었지만 정신적으로 가장 힘들었다. 가족들이 나로 인해 위험할까봐 병원 근처의 숙소에서 지내는 동료 간호사도 있었고, 어쩔 수 없이 자택에서 출퇴근하는 간호사는 현관에서부터 소독약을 뿌리며 의도지 않은 자가격리 생활을 했다. 그럼에도 불구하고 가족들은 두려웠지만 잘 견뎌주었고 같은 집에 살면서 서로 대면하지 않으려고 노력했다. 가족 중 중증의 기저질환자가 있다면 거주지를 달리했고 어린아이가 있는 동료는 아이를 친척 집에 맡겼다. 이산가족처럼 지내면서 코로나19 치료병동에서 근무하였고 지인들과도 연락을 하지 않았다. 코로나19 치료병동에 근무한다는 것 자체가 다들 우리와의 만남을 꺼려 했지만 우리 간호사들은 서로를 위로하고 격려하였다.

코로나19 확진 환자는 다양했다. 기저질환으로 고혈압, 당뇨, 뇌경색, 심장질환, 암, 치매 등 여러 가지 질환이 있었고 특히 거동이 불편한 노인 환자의 경우는 어린아이와 같았다. 매 식사 때마다 식사보조를 해야 했고 화장실을 갈 때마다 도와주어야 했으며 치매 환자는 침대에서 내려오려 하고 가족이 보고 싶다 소리를 지르며 난폭한 행동을 하기도 했다. 아예 거동이 되지 않는 환자의 경우 체위변경, 가래 제거, 욕창 치료 보조, 경관 급식 등이 필요한 중증도 높은 환자들이었고, 이들을 접촉해야 하는 빈도가 많아 코로나19 노출의 위험도 높았다.

레벨D를 착용하고 이 모든 일을 하는 것은 너무나 힘들었고 우리는 점점 지쳐갔다. 일정 시간 근무하고 일정 시간 휴식을 했지만 체력은 고갈되고 있었다. 장기전으로 가는 상황 속에서 그간 많은 환자들이 입원하고 퇴원, 사망을 했다. 의사가 당장 오지 못하는 상황에 환자의 상태는 그들을 기다려주지 않았기에 우리 간호사들은 그들의 일을 대신하기도 했다. 두 개의 장갑을 착용하고 둔해진 손 끝 감각으로 정맥주사를 시행했고, 마스크와 고글을 착용하고 환자의 정서적 지지를 하는 것은 매번 숨이 차오르고 땀은 비 오듯이 흘렀다.

코로나19 치료 병동에서 일한 지 약 100일의 시간이 흐른 후 우리 병동 간호사들은 전수 코로나19 검사를 시행했고, 아직도 나는 그날만 생각하면 머리가 멍해진다.

이브닝 출근 전 코로나19 검사를 시행하고 근무를 하던 중 감염관리팀에서 연락이 왔다. 내가 코로나19 검사에서 '양성'이 나왔고 즉시 퇴근하고 입원을 준비하라는 것이다. 눈앞이 깜깜해지면서 눈물이 나고 아무런 생각을 할 수 없었다. '내가 무엇을 잘못한 걸까? 나로 인해 내 가족과 동료들은 어떻게 되는 걸까?' 의연하게 받아들이려 했지만 수많은 걱정거리들이 머릿속에서 꼬리를 물어 정신을 차릴 수가 없었다.

앰뷸런스를 타고 병동에 입원하는 순간은 막막하다는 생각뿐이었다. 동료 간호사들은 힘을 내라고 했지만 나는 스스로가 부끄럽고 '도대체 왜 나인 걸까. 왜 하필이면 내가?'라는 생각 밖에 할 수 없었다.

입원한 지 며칠이 지났다. 환자의 입장이 되어 보니 사람이 그립고 병실 문밖을 나갈 수 없다는 현실에 힘이 든다. 문밖에서 들리는 발소리, 카트 소리, 원내 방송 등 여러 가지 소리들이 반가웠다.

새삼 환자들이 얼마나 힘들었을까 알 것 같았다. 우리 의료진도 힘들었지만 혼자만의 공간에서 시간을 보내는 환자들이 얼마나 힘든지, 스님들의 묵언수행이 얼마나 힘든지 알 것 같다. 나름대로는 감염 예방과 정확한 보호 장구 착·탈의를 수행했다고 자부했지만 확진 환자로 있는 지금, 그동안의 자신감을 사라지고 가족과 동료들에게 미안한 마음과 스스로를 향한 자괴감만 들 뿐이다. 입원하고 있는 동안 혹시나 가족이나 동료에게서 감염 증상이 나타날까봐 속이 까맣게 타들어간다. 다행히 다들 건강하다고 하니 조금은 안심이 된다.

얼른 치료하고 퇴원을 하여 현장으로 돌아가고 싶다. 지금도 현장에서 일하고 있는 모든 의료진들이 나와 같이 확진을 받지 않기를 바라고 또 바라본다. 내 스스로가 느끼는 마음의 힘듦은 쉽게 사라지지 않지만 주변의 격려와 위로가 나를 다시금 힘나게 한다.

'그동안 함께 수고하고 위로하고 힘이 되어 준 가족과 동료들에게 감사한 마음을 전해봅니다. 우리 조금만 더 힘을 내요.'

이제 그만 코로나19가 종식되기를 바라며 글을 마무리해 본다.

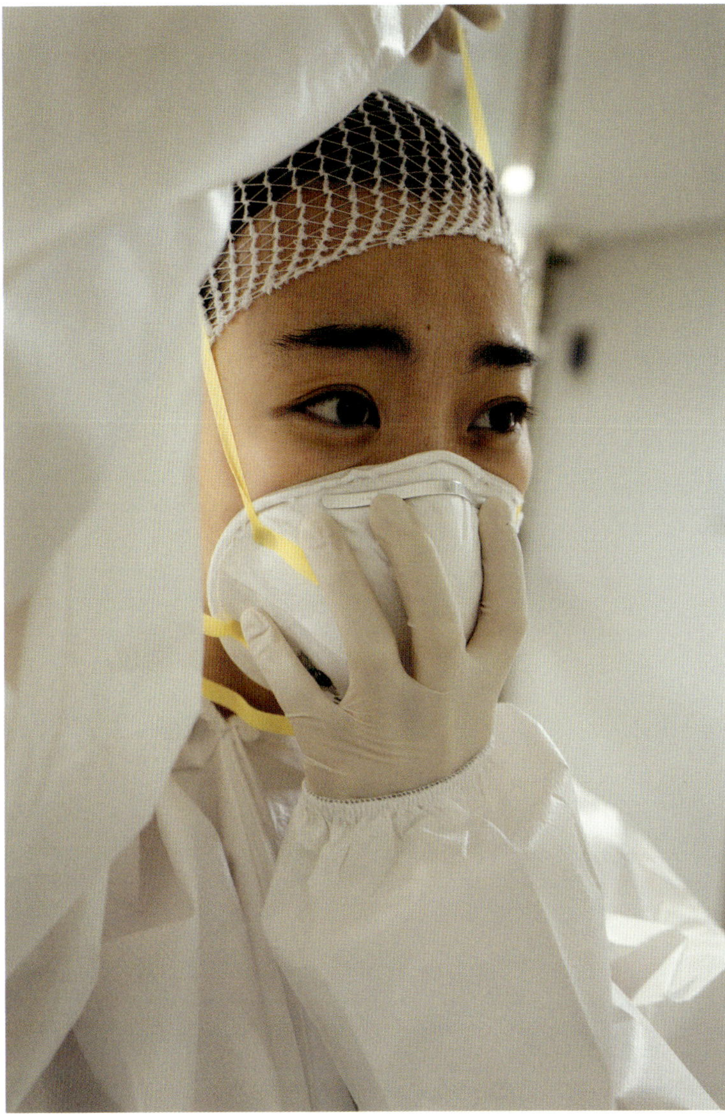

양태영 | 강북삼성병원

#끝나지않는전쟁

올라갈 때 보지 못한 그 꽃

– 코로나19 현장에서의 너, 나 그리고 우리

이승연 | 국립중앙의료원

"삑! 마스크를 착용해 주시기 바랍니다"라는 소리와 함께 오늘도 나의 하루는 시작된다. 버스를 타면 마스크를 쓰며 생활하는 일상에 적응해버린 우리의 모습이 씁쓸하게 느껴진다. 어느새 변해버린 창밖의 풍경을 바라보며 나의 발걸음이 향하는 곳은 국립중앙의료원의 감염중환자실이다. 2020년 초 코로나19의 대유행 및 국내 유입 이후 중앙감염병병원으로 지정되어 있는 국립중앙의료원은 즉시 음압입원치료 병실을 준비하였고 내과중환자실에서 근무하고 있던 나는 2020년 2월부터 현재까지 코로나19 중환자를 간호하고 있다.

2020년 1월 말 국내에서 두 번째, 한국인으로서는 첫 코로나19

확진자가 국립중앙의료원으로 이송된다는 소식을 들었을 때 우리 병원에서 코로나19 환자를 간호한다는 것이 실감이 나지 않았던 것 같다. 그리고 얼마 지나지 않아, 아침 전체 인계 시간 "코로나19 환자가 생기고 있는 추세입니다. 내과중환자실에 재원 중인 중환자를 타 병원에 전원 보내고 우리 부서원들이 코로나19 환자를 보기 위해 파견을 가야 할 것 같습니다"라고 수선생님께서 말씀하신 이후 우리는 하나둘씩 음압입원치료병실로 파견을 가기 시작했다.

2015년 메르스 국내 유행 당시에도 메르스 확진환자를 치료한 경험이 있는 선생님들이 먼저 파견을 가기 시작했고, 나 또한 개인보호장비(PPE)와 전동식 호흡장치(PAPR) 등 보호복 착용방법에 대한 교육을 받고 뒤이어 코로나19 중환자 간호에 투입되었다.

코로나19 환자 간호에 투입되었던 첫날, 스테이션의 어수선한 분위기는 아직도 눈에 생생하다. 대부분의 간호사들이 감염 환자를 간호했던 경험이 전무했기 때문에 한 곳에서는 이전 근무자들이 음압병실의 구조 및 운영방식에 대한 오리엔테이션을 해주고 있었고, 다른 한 곳에서는 음압병실을 들어가는 사람들을 위해 정확한 보호복 착용 및 재점검을 도와주는 소리가 겹쳐 들리며 그렇게 첫날이 시작되었다.

첫날은 교육을 받고 투입이 되었지만 혹시 나로 인하여 문제가 생길까 하는 두려움에 어떤 행동을 하든지 조심스러웠던 것 같다. 무엇보다도 음압병실은 처음 이용해보는 구조였기 때문에 보호복을 입고 들어가는 입구와 출구의 위치 및 패스박스를 사용하여 물품을 전달하는 방법을 익히는 것이 우선이었다.

병실 안에 들어가기 전, CCTV를 통해 병실 내 상황 및 동선을 파악하고, 먼저 들어갔다 나온 동료 간호사에게 그림을 그려서 알려달라고 하는 등 실수하지 않기 위해 나는 계속 되물었다. 남는 시간에는 보호복을 착용하고 먼저 들어가는 사람들을 계속 관찰하며 당시에는 몰랐지만 나도 모르게 감염환자를 본다는 것에 긴장하고 있었던 것 같다.

초반에는 코로나19에 대한 기본적인 자료 및 감염전파경로에 대해 알지 못했기 때문에 보호복 단계가 높은 레벨C 보호복을 입고 속장갑, 겉장갑, 속덧신, 겉덧신, PAPR, 후드, 마지막으로 앞치마를 입고 근무를 해야 했다. 여러 겹의 보호복은 너무 답답해서 병실 안에 있는 내내 '얼른 퇴실해서 보호복을 벗고 싶다'라는 생각이 간절했다.

그렇게 보호복을 입고 음압병실 안에 들어가면 입실한지 10분도 채 되지 않아 등줄기에 땀이 흐르는 것이 느껴졌고, 퇴실할 때는 우리가 입고 근무하는 하늘색 간호복이 온통 땀으로 범벅이 되어 진한 파란색이 되어있을 정도였다. 당장이라도 보호복을 벗어버리고 싶었지만 감염환자와 접촉한 보호복은 탈의하는 것이 더 중요했고, 여러 겹의 보호복을 조심스럽게 벗고 나면 힘이 빠져서 나도 모르게 그 자리에 털썩 주저앉고는 했다.

코로나19 환자 간호를 하면서 생겨난 또 하나의 특이한 모습은 무전기를 사용하여 의사소통을 하는 것이었다. 음압병동은 스테이션과 병실 안, 그리고 복도에 간호사가 배치되어 있었는데 일단 복도 간호사의 역할은 이러했다. 물품을 주고받을 수 있는 패스박스는 병실과 거리가 멀었는데 병실 안은 환자 간호를 위해 비울 수 없었기 때문에 복도 간호사가 물품을 전달하였다. PAPR은 혼자서 벗을 수 없었기 때문에 복도 간호사가 PAPR 탈의를 도와주었고 닦아서 재사용할 수 있도록 패스박스를 통해 보호복 착용하는 곳으로 건네주는 역할을 하였다.

초반에는 무전기 사용법도 익숙하지 않고 소리가 겹쳐서 들려 긴 대화를 하는 경우에는 잘 들리지 않아 의사소통하는 것에 어려움을 겪었다. 현재는 그런 점을 보완하여 컴퓨터에 메신저를 설치하여 긴 대화의 경우에는 메신저로 의사소통을 하고 응급 상황이나 메신저를 할 수 없는 특수한 경우에 무전기를 통해 의사소통하고 있다.

당시 그 무엇보다 가장 어려웠던 점이라고 하면 병실 안에서 환자 간호하는 것이라고 모두가 이야기할 것이다. 보호복으로 인해 둔탁해진 몸을 이끌고 일을 해야 했기 때문에 평상시보다 더 많은 체력을 소모할 수밖에 없었고, 얼굴로 흘러내리는 땀을 닦을 수 없어 눈이 따가운 채로 근무했던 날이 대부분이었다. 체위변경을 하게 되거나 시트가 젖어 홑시트나 반시트를 교환하게 되면 온몸이 땀범벅이 되어버리고는 했다. 두 겹의 장갑을 끼고 근무를 했기 때문에 혈관이 잘 느껴지지 않아 채혈이나 라인을 잡는 것도 어려웠고, 기본적인 간호 업무를 수행하는 것에도 어려움이 있었다. 예를 들면, 라인을 고정하기 위해 반창고를 떼는 경우에도 평소보다 오랜 시간이 걸렸고, 투약을 하기 위해 알코올 솜으로 부위를 닦을 때도 혹시 나도 모르게 오염(contamination)이 될까봐 장갑이 닿지 않게 주의를 기울여야 했다. 특히, 나는 손이 작은 편에 속해서 체위변경을 하게 될 시 여러 번 장갑이 벗겨지려고 했고, 항상 보호복 착용에 더 신경을 쓰고 입실해야만 했다. PAPR에서 울리는 기계 소리와 귓가에 맴도는 바람 소리 때문에 의료진뿐만 아니라 환자와 의사소통하는 것에도 어려움을 겪고는 했다.

그렇게 코로나19 환자 간호에 점차 적응해가던 어느 날, 또다시 우리를 긴장시키는 일이 발생하였다. 신천지로 인해 집단감염이 일어난 대구, 경북지역의 청도대남병원에서 확진자가 속출했고 그중 5명의 환자가 국립중앙의료원으로 수용이 결정되었다.

만성정신질환자 간호는 처음이었기 때문에 모든 의료진이 긴장할 수밖에 없었다. 혹시 모르는 상황에 대비하여 병실 내 입실하는 간호사를 두 명으로 구성하였고, 24시간 CCTV 모니터링하는 사람을 배치하여 비상상황이 생길 시 복도 간호사가 바로 입실할 수 있도록 하였다. 다행히 교대하는 시간에 환자가 화장실을 찾다가 복도에 잠시 나왔었던 일을 제외하고는 아무 문제 없이 환자들은 퇴원하였지만 당시 항상 긴장하며 근무를 했던 기억이 난다.

코로나19 중환자는 점점 증가하기 시작했고 기존에 근무하던 음압병동은 일반 감염 환자를 위한 곳이었기 때문에 많은 수의 중환자를 수용하기에는 시설과 환경이 부족했다.

우리는 원래 운영되고 있던 중환자실을 개조하여 음압기를 설치하고 임시 감염 중환자실을 만들었다. 임시 감염 중환자실은 총 4구역으로 구성되어 있었고, 한 구역당 3~4명의 환자를 수용할 수 있는 구조였다. 그곳에서 본원의 모든 중환자실 간호사들이 함께 코로나19 중환자를 간호하기 시작했다. 모든 중환자실 간호사가 투입되었다고 하면 인력이 충분했을 것이라고 생각할 수도 있지만, 환자 수에 비해 중환자 간호 인력은 턱없이 부족했다. 그렇기 때문에 일반병동을 일시적으로 폐쇄하고 병동 간호사 선생님들이 액팅을 도와주기 위해 투입되었다.

여러 번의 시행착오를 통해 체계를 잡아가고 있는 시점이었기 때문에, 서로 의견을 공유하며 효율적으로 동선을 만들기 위해 노력했다. 병실 안을 청결구역과 준격리구역, 격리구역으로 나누고 최대한의 감염 전파를 막기 위해 노력했고, 전체 인계 시간에 코로나19에 대한 정보 및 코로나19 환자 간호의 변동 사항을 공지함으로써 감염 중환자 간호 체계를 만들기 위해 노력했다.

이강용 | 서울대학교병원

#환자만나러가는길

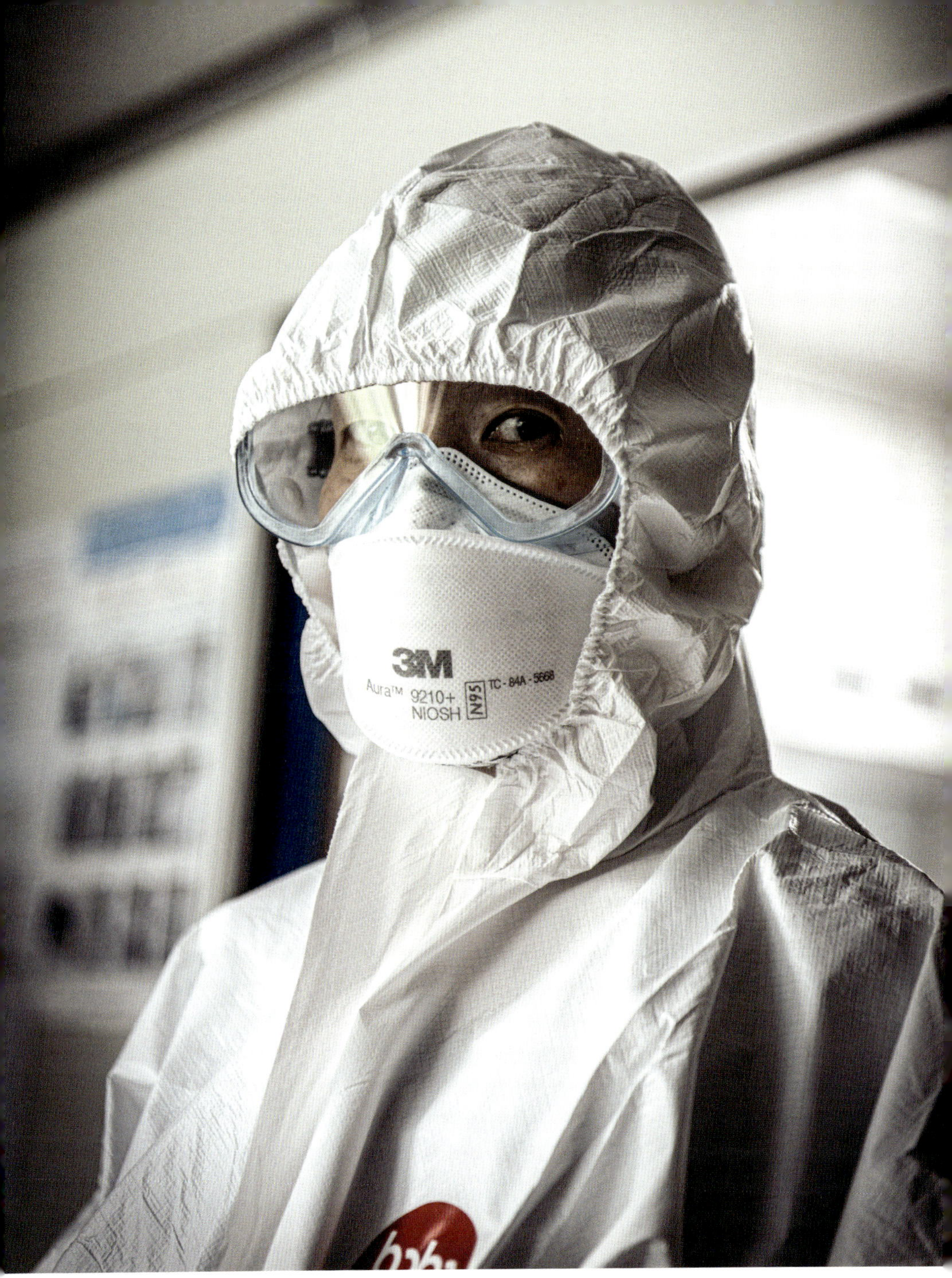

이강용 | 서울대학교병원

#COnfidence

특히, CT, MRI와 같은 검사를 가게 되는 경우에 어려움이 있었는데 검사실이 일반 환자들과 함께 운영되었기 때문에 시간을 조율하는 것도 어려웠고 검사를 하러 내려간다고 통제실에 연락을 하여 동선 통제를 통해 일반 환자들과 마주치지 않도록 하는 것이 관건이었다.

초반에는 그런 시스템이 익숙하지 않아 의사소통의 혼선으로 인해 감염 환자와 일반 환자가 접촉하게 될 뻔한 적이 여러 차례 있었다. 또한, 음압텐트 안에 환자를 옮기는 것에도 여러 명의 인력이 필요했고 주입펌프(infusion pump)에 수축촉진약(inotropic), 진정제(sedative) 약물을 유지한 채로 검사를 해야 했기 때문에 검사가 예정되어 있는 날에는 모두 예민해진 상태로 근무할 수밖에 없었다.

시간이 지날수록 힘들었던 것은 정신적, 체력적인 소진이었다. 한번 입실할 때마다 3~4시간은 기본으로 안에서 근무할 수밖에 없었고, 그렇게 보호복을 입고 근무하다 보면 어느 순간 머리가 어지럽고 식은땀이 나며 오심, 구토를 호소하는 경우가 많았다. 얼굴을 짓누를 정도로 보호복을 몇 시간 동안 착용하다 보니 피부염을 앓는 사람도 있었다. 나의 경우 PAPR을 착용하는 시간이 길어지면서 허리에 가중되는 무게가 크다 보니 어느 순간부터 허리통증으로 인해 잠을 이루지 못하는 날이 잦아지게 되었다. 응급 상황에 대처하다가 보호복이 찢어지거나 PAPR 기계의 작동이 갑자기 멈추는 경우도 있었고, 임시로 지은 곳이었기 때문에 근무하는 동안 음압이 작동하지 않는 등의 감염노출사고도 여러 번 발생하였다. 후드와 같은 보호복이 부족하여 산화에틸렌가스(E.O 가스) 재소독을 통해 재사용하기도 했고 PAPR 기계를 여러 번 닦았다고 하지만 스테이션과 가까운 곳에서 보호복 관리를 했기 때문에 감염 위험성에 대한 우리의 불안감은 증가할 수밖에 없었다.

7~8월경 2차 팬데믹이 도래하면서 전국적으로 중환자 병상이 부족해졌고, 국립중앙의료원은 모듈형 음압격리병동을 따로 건설하였다. 감염격리병동과 감염중환자실을 만들어 감염 환자만을 간호할 수 있도록 체계적으로 구성하였고, 10월경 건물이 완공되자마자 나는 새로 건설한 감염중환자실로 이동하여 현재까지 코로나19 중환자를 간호하고 있다.

전 세계에서 코로나19에 대한 연구가 진행되었고 연구 결과를 바탕으로 코로나19 환자 간호에 반영됨에 따라 이전보다 체계적이고 수월하게 업무를 하고 있다. 예를 들어, 보호복 착용이 간소화되어 현재는 PPE를 착용하며 환자를 간호하고 있으며, 3주 이상이 되는 경우에는 코로나19의 전파율이 감소한다고 하여 구역 내 환자를 분류하고 3주 이상의 경우 일반 병동으로 전동을 보내고 있다.

그리고 나는 이곳에서 3차 팬데믹을 맞이하였다. 12월은 코로나19 중환자 간호 중 가장 힘든 시기였다. 일주일에 2~3명 이상 사망하는 일이 빈번했고, 전국적으로 코로나19 중환자 병상의 부족으로 임종간호를 마치자마자 다른 환자를 전원 받아야 했다.

4구역으로 구성된 감염 중환자실은 항상 만실(Full bed)이었고, 환자들의 상태는 전부 좋지 않았다. 2차 팬데믹이었을 때만 해도 환자들의 상태가 좋아져서 병동으로 가는 환자들이 많았고, 그 모습을 보면서 힘을 내고는 했다. 하지만, 3차 팬데믹 당시에는 중증도가 이전보다 올라간 것을 체감적으로 느낄 수 있었고, infusion pump, 지속적 신대체 요법(CRRT) 등의 물품이 부족하여 다른 병동에서 빌리는 일이 빈번했다.

내가 맡은 구역의 환자들의 상태도 좋지 않았기 때문에 저 멀리서 들리는 보호자들의 울음소리를 통해 들으며 '아, 결국 또 사망하셨구나......'라는 생각을 잠깐 하면서도 떠밀리듯이 다시 내 환자 간호에 집중할 수밖에 없는 현실이 너무 안타까웠다.

그리고 그 무엇보다 가장 안타까운 현실은 면회 시간이라고 생각한다. 처음에는 보호자들의 면회가 허용되지 않았고 스테이션에서 통화나 모니터를 통해 면회를 시행했었다. 그리고 임종 직전이나 환자 상태 악화 시 의료진의 동행하에 보호복을 입고 면회를 시행하였다. 그렇기 때문에 스테이션에는 환자 상태를 걱정하는 보호자들의 전화가 자주 울렸다. 당시 우리의 인계장에는 의사선생님과의 전화 면담을 원한다는 내용이 항상 적혀 있었던 것 같다. 이후 주치의의 재량하에 일주일에 두 번, 30분 정도 면회를 시행하였고, 보호자들은 보호복을 입고 병실 안으로 들어가 환자와 면회를 하였다.

감염의 우려 때문에 보호복을 입고 문 앞까지 갔다가 다시 되돌아오는 보호자들도 계셨다. 보호자들이 놓고 가는 사진과 편지는 마음을 또 한 번 뭉클하게 만들었다. 삐뚤빼뚤한 글씨로 '할아버지, 의사선생님 말 잘 들으세요. 얼른 코로나 바이러스랑 싸워서 이겨서 같이 놀아요'라고 적어놓은 손주의 편지와 바이러스와 싸우는 모습을 그린 그림, '아버지, 가족들 모두가 얼른 나으시길 기다리고 있습니다. 이 편지 보시고 힘내세요'라고 쓴 자식의 편지, 그리고 사진 속 환하게 웃고 있는 환자의 모습이 너무 행복해 보여서 나도 모르게 눈물을 흘린 적도 많았다. 환자의 머리맡에 놓인 편지와 사진은 지친 마음을 이끌고 환자 간호를 위해 힘을 내게 하는 원동력이 되어주었다.

3차 팬데믹이 끝나고 결국 중환자실에서 근무하면서부터 좋지 않았던 어깨는 망가지고 말았다. 환자 상태의 악화로 엎드린 자세(prone position)를 여러 번 해야 했고, 보호복 착용을 하면서 체위변경을 하는 것은 쉬운 일이 아니었기 때문이다. 결국 나는 '회전근개파열'이라는 진단을 받고 한 달 정도 병가를 받게 되었다.

쉬는 동안에도 힘들게 일하고 있을 동료들에 대한 미안함에 여러 번 병동 상황에 대해 물어보고 동료들에게 연락하여 안부를 물어보고는 했던 것 같다.

그리고 병가가 끝날 즈음, 백신센터에서 근무하지 않겠냐는 제안이 왔었다. 어깨가 나으려면 6개월 이상의 재활기간이 필요하고, 중환자실에서 근무하지 않는 이상 어깨를 사용하지 않을 수는 없었기 때문에 고민을 했었다. 또한, 국내에 처음으로 백신이 도입된 우리 병원에서 백신 접종을 한다는 것 자체가 너무 뜻깊은 일이었기 때문에 더 고민이 되었던 것 같다. 하지만, 병가 기간 동안 온전히 쉬었던 것이 아니라 병동에 복귀했을 때 환자에게 도움이 되기 위해 책을 펴고 코로나19 환자 간호에 대해 조금 더 알아보려고 노력하였던 나의 모습을 보면서 감염중환자실로 돌아가기로 마음먹었다.

지금까지 코로나19 중환자 간호를 하면서 가장 기억에 남는 기억이라고 하면 한 환자분이 떠오른다. 10월 건물이 완공되고 감염중환자실에 처음으로 입실한 환자분이었다. 당시에 산소공급마스크(simple mask)를 적용하고 병실에 입실했고, 환자분이 숨 쉬는 것도 많이 힘들어하지 않아서 금방 회복하고 병동을 갈 수 있을 것이라고 생각한 분이었다. 그런데 어느 순간부터 환자는 호흡곤란을 자주 호소했고, 기도삽관(intubation)을 고려해야 될 정도였다. 회진 때, intubation에 대한 설명을 들은 후 환자가 나에게 불안감을 호소하며 말했다.

"내가 기도삽관을 해야 한다고 하네요. 그게 정확히 무엇인지는 모르겠지만 그것을 하면 살 수 있을까요. 너무 무섭네요. 코로나에 걸렸다는 것도 믿기지 않았는데 전 꼭 살아서 나가고 싶어요."

나는 "꼭 회복해서 퇴원하실 수 있으실 거예요. 저와 우리 모두가 열심히 노력할게요"라고 대답했고, 진심으로 힘이 되어드리고 싶었다.

환자는 잠시 생각에 잠긴 후, "그래요. 나의 선택을 통한 결과가 어떻게 돼도 후회하지는 않을래요. 저도 정말 열심히 치료받겠습니다"라고 말했다.

이후 intubation을 했지만 환자분의 말대로 회복하려는 의지가 굉장히 강한 분이셨고, 종이에 글자를 적으며 우리와 의사소통을 하기도 했다. 하지만 상태가 급격하게 안 좋아지게 되어 CRRT, 체외막산소공급장치(ECMO)까지 적용했지만 결국 사망하셨다.

벌써 반년이 넘는 시간이 흘렀지만 아직도 그 환자분이랑 이야기했던 그 순간이 잊혀지지 않는 이유가 무엇인지 모르겠다. 내가 한 말이 그 환자분에게 진짜 도움이 되었을지. 그때 당시로 돌아가면 난 뭐라고 답했을지.

많은 대화를 나누고 라포를 형성했던 분이었던 만큼 그분이 이야기했던 것처럼 퇴원해서 행복한 미래를 만들어가길 진심으로 바랐기 때문에 아마 나는 잊지 못할 것 같다.

금방 끝날 것 같았던 코로나19는 어느새 1년 반이 넘는 시간 동안 우리와 함께 하고 있다. 하루하루가 금방 지나가지만 특히

2020년은 언제 흘러갔는지도 모르게 빠르게 지나가버렸던 것 같다.

사실 코로나19가 시작되기 직전 나는 사직을 진심으로 고민하고 있던 시기였다. 중환자실에서 근무하는 5년이 되어가는 시간 동안 즐겁고 행복한 일들도 많았지만 벅찬 업무에 힘든 날이 훨씬 많았고 집에 가면 지쳐 잠이 드는 날이 대부분이었다.

부족한 간호인력으로 인해 3명의 간호사가 11명의 중환자를 돌봐야 했고, 2시간마다 체위변경을 하면서 시술과 CT, MRI와 같은 검사를 위해 환자를 이송하고, 다양한 응급상황에 대처하며 각자에게 정해진 간호 업무를 정신없이 수행하다 보면 다음 번 간호사에게 인계를 주고 있는 나의 모습을 발견하게 된다. 오늘도 무사히 근무를 끝냈다며 마음을 쓸어내린 채 퇴근을 하게 되면 집에 가는 버스 안에서 내가 맡은 환자에게 더 다가가지 못한 나 자신에게 속상한 마음이 들었다. 'Suction을 한 번이라도 더 해 주었어야 했는데… ', ' 오늘도 너무 바빠서 구강 간호도 제대로 못 해 준 것 같네…' 등 너무 바쁜 업무에 환자를 위해 놓친 것이 없는지를 생각하며 집에 돌아갔었고, 그 시간 동안 물 한 모금 먹지 못해 입술이 메말라버린 나 자신을 챙기지는 못한 채 '내일은 조금 더 빨리 움직여서 아침 일찍 머리 감겨 드려야겠다'라고 생각하며 잠이 들었다. 그렇게 시간이 지나다 보니 어느새 나의 몸과 마음은 점점 지쳐가고 있었던 것 같다.

그러던 중 코로나19가 발생하여 감염 중환자실에서 근무하게 되었고 이미 지쳐버린 나에게 2020년은 더욱 힘든 시기였다. 일반 중환자를 보는 것보다도 그 외에 신경을 써야 할 것이 많아 이전보다 힘들어 보이는 나의 모습과 나 또한 감염이 될 수 있는 상황 속에서 부모님은 걱정스러운 마음에 "이번 기회에 조금 쉬는 것이 어떻겠니?"라고 말을 하셨다.

진심으로 고민하던 평소와는 다름없던 어느 날, 어떤 환자분으로부터 "선생님이 있으면 마음이 놓여요. 믿을 수 있을 것 같아요. 저도 열심히 치료받아서 얼른 나아 볼게요"라는 말을 듣고 머리를 망치로 '띵'하고 맞은 느낌이 들었고, 집에 가서 한참을 울었던 것 같다. 어떻게 보면 당시의 나는 그 말이 제일 듣고 싶었는지도 모른다. 그리고 나는 그때 다시 한번 일어서기로 마음을 먹었다.

코로나19라는 특수한 상황으로 인해 다른 병동 간호사 선생님들, 경력직 간호사 선생님들, 중앙사고수습본부 파견 간호사 선생님들과 같이 일하게 되면서 내가 어떤 간호사가 될 것인지에 대해 많이 생각하고 배우고 성장하는 계기가 되었던 것 같다.

항상 목표한 것을 이루기 위해 끊임없이 올라가기만 했고 그러다 보니 소중했던 많은 것을 놓치고 왔던 것 같다. 올라가는 동안 보지 못했던 다양한 나무와 꽃들 그리고 주변의 아름다운 풍경들, 분명히 내 주위에 있었지만 바라보지 못한 채 걸어왔다. 그리고 내가 깨달은 것은 내가 올라가는 동안 그 자리에서 넘어지지 않게 손잡아 준 주변 사람들과 동료들에 대한 소중함과 넘어지더라도 포기하지 않았던 나 자신에 대한 감사함이다.

이 세상에 모든 것에 완벽한 사람은 없지만 생명을 다루는 직업이므로 조금 더 세심하고 완벽하게 간호를 수행해야 한다고 생각했다. 하지만 모든 일에 완벽해야 한다는 압박감과 그러지 못함에서 오는 자책감이 나를 더 힘들게 했었던 것 같다.

아마 나처럼 대부분이 코로나19 환자를 봐야 한다는 사실에 대한 두려움과 구역 안에서 혼자 간호 업무를 수행해야 한다는 부담감에 힘들고 포기하고 싶은 순간이 많았을 것이다. 하지만 그 누구도 포기하지 않고 자기의 자리에서 묵묵히 최선을 다해주었다. 또한 그 누구도 완벽한 사람은 없었고 단지 개개인이 가지고 있는 점이 어울려 환자를 위한 더 질 높은 간호를 수행할 수 있었다고 생각한다.

코로나19가 언제 종식될지는 모르지만, 너와 나 그리고 우리들은 이 경험을 바탕으로 많은 것을 깨달았을 것이라고 생각한다. 무엇보다도 포기하지 않고 지금까지 버텨준 많은 의료진과 환자들 그리고 국민들 모두에게 박수쳐주고 싶다.

"서로를 향해 보이지 않는 손이 당신을 잡아주고 있을 것입니다. 그러니 조금만 더 힘을 내주세요. 그리고 분명히 우리는 해낼 수 있을 것입니다."

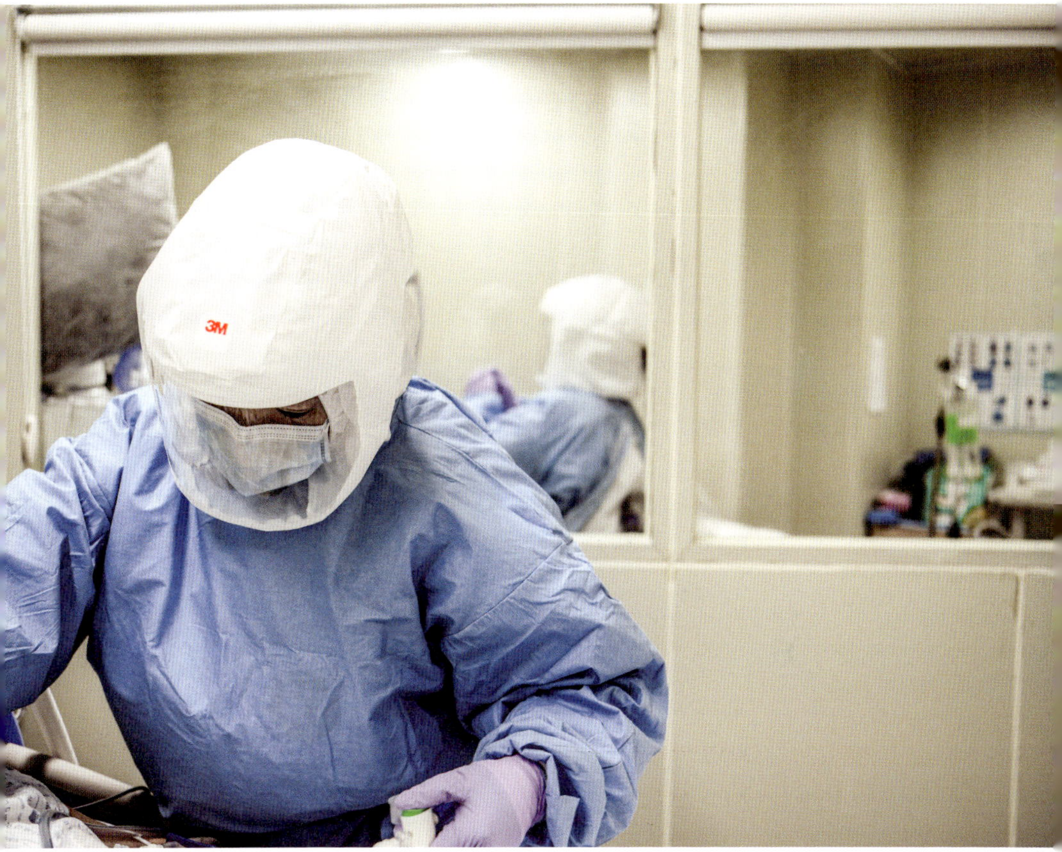

이강용 | 서울대학교병원

#CO-workers_in_COvid19

어려운 상황 속 꿋꿋이 자리를 지켜온 사람들

이승희 | 경희의료원

저는 경희대학교병원 호흡기내과 4년차 간호사 이승희입니다. 1년 전 이맘때 2020년 3월부터 5월까지의 경험을 바탕으로 '코로나19와 맞선 5단계, 100일간의 기록'이라는 수기를 제출했고 장려상을 받았습니다. 〈코로나 영웅, 대한민국을 간호하다〉에 실린 27명의 글을 통해 전국 각지에서 코로나19병동을 운영하는 수많은 병원의 이야기를 듣게 되었습니다. 현장의 간호사로 있었지만 저조차도 몰랐던 이야기를 알게 되었습니다. 이런 기회를 만들어 준 대한간호협회 측에 깊은 감사의 말씀 전합니다. 첫 번째 수기를 제출한 후부터 지금까지, 음압격리병동에서 경험하고 느낀 것을 또 한 번 글로 풀어내고자 이 수기를 제출합니다.

간호사로 살며 매일의 작은 것을 기억하고 남기는 습관이 생겼다. 이것이 모여 평범한 하루에 작은 의미를 부여해 준다. 음압격리병동의 이야기를 생각할 때면 가슴에 무언가 날아와 맺혀 쉽게 쓰기가 어렵다. 오늘이 지나면 이 기억이 희미해질 것만 같아 남겼던 기록을 토대로 지난 1년 6개월을 돌아본다.

봄에서 시작해 이듬해 여름까지 6번의 계절이 피고 졌고, 어느덧 호흡기내과 4년 차 간호사가 되었다. 순식간에 지나가 버린 시간 속에 져버린 수많은 생명들을 잊지 못한다. 더 잘 하지 못해 미안한 마음 역시 지울 수 없다.

대구·경북 지역 중심으로 발생한 코로나19 1차 대유행(2020년 2월), 수도권 중심의 2차 대유행(2020년 8월), 겨울철에 접어들며 발생한 3차 대유행(2020년 12월)의 순간에 나는 코로나19 음압격리병동에서 근무했다. 물론 현재도 진행 중이다.

중환자 병상의 부족, 2020년 8월

2020년 8월 15일 광화문 집회를 기점으로 서울에 확진자가 급증했다. 고령층을 중심으로 감염이 퍼져나갔고 뉴스에서는 연일 중환자 병상이 부족해지고 있다고 보도했다. 수도권의 중증환자 치료를 위해 우리 병원은 다시 코로나19 음압격리병동을 운영했다. 유니폼이 아닌 수술복을 입고 양방향 무전기를 착용한 채, 레벨D 전신보호구와 전동식 호흡보조장치(PAPR)를 입는 음압격리병동에서의 생활이 다시 시작되었다.

음압격리병동으로의 출근을 앞둔 날, 레벨D 보호구 탈의법을 중얼거리며 일어났다. 출근 전 내내 심장이 두근거리고 속이 매스꺼워 식사를 많이 하지 못했다. 할 수 있는 것이라곤 올라온 병동 공지를 정리하고 여러 번 읽어보는 것뿐이다.

출근하는 차 안에서 두 손 모아 기도했다. 우리 환자들이 무사하기를, 음압격리병동을 운영하는 동안 의료진의 추가 감염이 없기를, 응급 상황이 발생하더라도 우리들이 견뎌낼 수 있는 상황까지만이기를 바랐다.

이 시기 엄마는 자주 나에게 괜찮으냐고 물으셨다. 음압병동으로 출근해야 하는 딸이 하루 종일 마음에 걸렸을 부모님을 위해 종종 편지를 쓰고 출근하곤 했다. 나는 무사하니까 엄마도 오늘 하루 잘 계시라는 내용을 적었다.

이때 만난 환자는 대부분 집회와 종교집단에서 감염된 60~85세 환자였다. 코로나19에 감염되어 사망한 환자에 대한 소식이 뉴스에 나오기 시작했던 때라 격리병동에 입원한 환자와 보호자의 불안감이 높았다. 어떤 환자는 힘들고 불안하다고 했다. 그 마음이 이해가 되었다. 어떤 환자의 보호자는 전화로 환자 상태를 묻고는 '우리 어머니 잘 부탁드려요'라는 말과 함께 울면서 전화를 끊었다. 그 마음도 이해가 되었다.

'여기서 살아서 나갈 수 있느냐'고 물었던 환자가 있다. "환자분은 스스로 밥도 먹을 수 있고 화장실도 갈 수 있고 저랑 대화도 할 수 있으시잖아요. 그러지 못한 분들도 계세요. 마음 강하게 먹으세요. 꼭 여기서 나갈 수 있어요"라고 답하곤 했다.

나는 일반 병동에서 근무할 당시 데이 라운딩 때마다 간밤에 잘 주무셨냐고 물었고 나이트 라운딩 때마다는 오늘 밤도 잘 주무시라고 말하곤 했다. 그러나 이곳에서는 그렇게 말할 수 없다. 불안감이 높은 환자들이 잠을 잘 자지 못하는 것이 눈에 보였기 때문이다. 대신 매일같이 다음과 같은 말을 했다.

"이곳이 음압격리병동이어서 많이 무섭고 두려우시죠? 저희가 항상 옆에 있어요. 두려워 마세요."

환자는 마치 우주복과 같은 전신보호구를 입은 간호사 말고는 아무도 볼 수 없다. 음압병동에서 환자가 의지할 곳은 간호사밖에 없다는 것을 알기에 환자에게 최선을 다해 위로의 말을 건네곤 했다. 누워있는 환자의 이마를 가만히 쓰다듬고 부르튼 입술에 바세린을 발라주었다. 쌓이기 어려울 것 같았던 환자와의 라포가 그렇게 천천히 쌓였다.

코로나19 환자의 음압격리병동은 분명 결핵과 같은 기존 공기주의 격리와는 다르다. 환자의 호흡 수가 분당 40회까지 빨라지고 40도까지 열이 나고 혈압이 200대까지 치솟아도 1~2분 간격으로 즉각적인 처치를 해주기가 어렵다. 음압병동 안의 간호사가 이상 활력징후에 대해 무전으로 바깥 간호사실에 알리면 바깥 간호사실에서 담당의에게 보고를 하고 처방을 받는다. 무전으로 음압방 간호사에게 처치 내용을 알린 후 패스박스를 통해 해당 약제가 들어오면, 음압방 간호사는 병실에서 1회용 보호구를 벗고 패스박스로 향해 약제를 가지고 온다. 다시 병실 앞에서 1회용 보호구를 착용하고 병실 안으로 들어가 약제를 투여한다. 이 모든 것이 바로 즉각적으로 이루어져도 환자에게 도달하기까지 최소 3~5분이 걸리는데, 실제로는 즉각적으로 이루어지기가 어렵다. 큰 이벤트뿐만 아니라 사소한 작은 것 하나에도 어김없이 보호구를 착·탈의하고 왔다 갔다 한다. 레벨D 전신보호구 위에 덧입은 1회용 가운들이 수북하게 쌓여갔다.

중환자 병상 부족의 현실화, 2020년 12월

겨울철이 되며 코로나19 3차 유행이 전국적으로 시작됐다. 시간이 흐를수록 중환자는 늘어났고 연일 중환자 병상이 부족하다는 뉴스가 보도되었다. 하루하루 남아있는 병상의 수를 셌다. 상급종합병원 병상 규모의 1%를 코로나19 중환자를 수용할 수 있는 병실로 확보하라는 정부의 행정명령이 떨어지면서 병원의 고심이 깊어졌다.

우리 병원은 중환자실에 코로나19 환자를 위한 음압병동을 만든 것이 아니라 호흡기내과가 가지고 있던 음압격리실을 활용해 코로나19 음압격리병동을 운영했다. 총 7개의 1인실 음압격리실 중 1개의 병실을 샤워실로 사용하고 있어서 환자를 받을 수 있는 병상은 6개였다. 베드 수를 늘리기 위해 1인실 격리실을 둘로

나눴고 결과적으로 총 8개의 병상을 만들었다.

하나의 공간을 둘로 나누니 누군가는 화장실을 이용하기 어려웠고 콘솔이 닿지 않는 부분이 생겼다. 좁아진 공간 때문에 이동식 엑스레이를 찍기에 빠듯했지만 어쩔 수 없었다. 2인실로 만들어진 공간에 빠듯하게 침대 2개와 인공호흡기 2대가 들어섰다.

입원에는 정해진 순서가 없다. 상황이 급한 대로 자리가 비는 대로 입실한다. 의식이 없는 채로 인공호흡기를 달고 있는 환자 옆으로 의식이 온전한 환자가 입원하는 경우도 생긴다. 그 환자는 틀림없이 입원 시부터 놀랐을 것이다.

코로나19 중환자를 보기 위해 중환자실 물건을 가져다 놓으니 삐걱거리는 것이 많았다. 욕창을 예방하고 체위변경을 쉽게 하기 위해 중환자용 침대를 가져오니 그곳에는 식판을 올릴 수 있는 판이 없었다. 어떤 환자는 침대에 식판을 두고 밥을 먹곤 했다. 정신이 온전하고 밥을 먹으며 양치를 해야 하는 환자에게 이동식 탁자를 놔주어야 했는데 1인실을 둘로 나누니 그럴 공간이 부족했다.

호흡기내과 간호사와 외과중환자실 간호사가 합쳐졌고 중앙사고수습본부로부터 파견간호사를 지원받아 약 60여 명의 인력이 함께했다. 이 시기의 환자들은 70~90세의 고령인 데다 기저질환이 많아 대부분 상태가 좋지 못했다. 하얗게 덮인 엑스레이를 자주 보았다. 코로나19 바이러스가 폐에 남기는 비가역적인 상흔은 무섭다. 빠른 속도로 폐를 삼키고 사람을 삼켰다.

인공호흡기, 지속적 신대체 요법(CRRT) 기계, 제세동기, 응급카트 모두를 세팅해야 하는 경우가 생기기 시작했다. 넘겨준 듀티도, 근무하는 듀티도, 다음에 이어받을 듀티도 모두 똑같이 힘들 것이 분명한 날들이 지속되었다. 편안한 밤보다는 위험한 밤이 많았다. 생활치료센터에서 전원 와 3일 만에 사망한 환자가 생겼고 코로나19 바이러스로부터 음전되어 격리를 해제하고 일반 내과 중환자실로 옮겼지만 끝내 돌아오지 못한 환자도 생겼다.

양력 1월 1일에 입원해 음력 1월 1일에 운명을 다한 분도 있다. '우리가 이렇게 애쓰고 있으니 당신은 꼭 사셔야 해요'라는 매일의 기도조차 코로나19 바이러스 앞에서 속수무책이었다.

대부분의 환자는 기관삽관을 했고 인공호흡기를 달았으며 인공호흡기를 뗀 환자보다 떼지 못한 환자가 많았다. 두 차례의 인공호흡기 치료 끝에 상태가 호전되어 인공호흡기를 떼고 다른 병원으로 전원 간 환자도 그곳에서 다시 인공호흡기를 달고 끝내는 사망했다는 소식을 들은 적이 있다.

2021년 4월까지 우리는 총 55명 환자를 받았고 그중 11명을 떠나보냈다. 음압격리병동 생활은 나에게 때때로 시간이 멈춘 것 같은 느낌을 주었다.

인공호흡기를 걸고 진정제를 사용하는데도 의식이 온전하던 환자가 있었다. 의식이 온전하니 인공호흡기와의 충돌이 생겼다. 말을 할 수 없는 환자는 손과 발을 움직였고 손을 고정하고 있던 보호대를 풀러 펜을 쥐여주니 힘겹게 글을 썼다. 그마저도 비뚤거려 펜을 버리고 손가락으로 침대에 단어를 쓰게 했다. 환자는 '물 좀 줘', '잠재워줘'라는 그 두 단어만을 반복해서 적었다. 음압격리병동에서 가장 힘든 사람은 간호사가 아닌 환자구나를 깨닫던 순간이었다. 진정제 용량을 증량하면서 손으로 환자의 눈을 가렸다. "주무세요. 차라리 그 편이 나을 거예요"라고 말했다.

인공호흡기 치료를 지속하다가 상태가 호전되어 관을 뺀 환자는 드디어 말을 할 수 있게 되었는데 며칠 동안 본인은 정말 죽을 뻔했다고 표현했다. 20초만 있으면 넘어갈 것 같았다고 말이다. 음압격리병동에서의 치료가 환자의 인생에 있어 트라우마가 되지 않기를 바라며 잘 버티셨다고, 너무 고생하셨다고, 잘 버텨줘 고맙다고 환자에게 말했다.

인공호흡기 치료를 받으며 때때로 의식을 차릴 때 목에서 느껴지는 이물감과 자신이 죽을지도 모른다는 공포감에 환자는 얼마나 불안했을까. 환자는 10일 만에 식사를 했고 콧줄 식사에서 구강 식사로, 물-죽-밥 순으로 이어졌다. 손에 숟가락을 쥐여 주었지만 입까지 떠 넣지 못해서 생선 살을 발라 죽 위에 얹어 떠먹여 드렸다. 무사히 퇴원한 이 환자는 이 시기에 만난 인공호흡기 환자 중 가장 좋았던 케이스다. 좋지 못한 결과로 끝난 경우가 훨씬 더 많았다.

기도 삽관을 하고 1주일 후 관을 제거한 한 환자는 깊게 잠들었다가 조금씩 깨어났다. 치매와 섬망이 합쳐져 온전하지는 않았지만 눈을 맞추고 의사소통하는 것이 가능해졌다. 환자는 때때로 우리에게 '어제 여기에서 죽은 사람이 있는지, 자신은 살아서 이곳을 나갈 수 있는지'를 물었다. 머리는 기름져있고 수염은 거뭇거뭇 자라 있고 침대 시트는 때때로 더럽다.

음압방 내부가 유난히 음침해 보였다. 환자는 점차 전신 컨디션이 회복되며 산소요구량이 감소했고 2차병원으로 전원을 준비했는데 어느 날 갑자기 악화되었다.

좋아질 것 같았던 환자는 또다시 인공호흡기를 달았다. 눈을 감고 잠든 환자를 보고 있자니 함께 나눴던 대화가 그리웠다. 다시 이 기계들을 떼어버릴 수 있기를 바랐다. 인공호흡기를 달기 전 환자는 오랫동안 고유량 산소치료를 받았는데 어느 순간 산소줄로 인해 코와 귀 뒤 쪽에 상처가 생겼다.

지독하게 바빴던 평일 데이, 바깥 스테이션으로부터 무전기를 통해 쉴 새 없이 해야 할 일들이 전해졌지만, 상처를 소독하고 연고를 도포하고 듀오덤을 붙이는 등 드레싱만큼은 정말 꼼꼼하게 하고 나왔다. 그 순간만큼은 인공호흡기 모드를 조정하고 승압제를 증·감량하는 것만큼이나 드레싱이 중요하게 느껴졌다.

이 환자는 코로나19 바이러스 음전 후 내과중환자실로 옮겨졌다. 반드시 살았으면 하는 기도와 의료진의 최선의 치료에도 불구하고 결국에는 세상을 떠난 이 환자가 때때로 생각날 때가 있다.

사망의 연속

유난히 보호구가 답답했던 하루였다. 일을 시작한 지 30분도 지나지 않았는데 숨쉬기가 힘들고 오늘따라 손이 저리다는 생각이 든 날이었다. 벗어버리고 싶었던 보호구를 착용하고 어찌어찌 세 시간을 버텼던 것 같다. 업무를 마치고 샤워실로 향하는데 병실 안 환자가 나를 손짓으로 불렀다. 들어가서 이야기를 들어주고 싶었지만 정말 죄송하게도 숨이 너무 차올라 그러지 못했다. 바깥 스테이션으로 무전을 쳐 혹시 환자의 산소 수치가 떨어지거나 활력 징후가 흔들리냐고 물었다. 아니라는 대답을 확인하고 나서 어쩔 수 없이 몸을 돌려 샤워실로 향했다. "잠시만 계세요. 간호사 들어갈 거예요"라고 외쳤지만 두꺼운 음압방 문 때문에 아마 환자에게까지는 들리지 않았을 것이다. 내 뒤에 들어온 다음번 간호사에게 OO 환자가 나를 불렀다며 확인 좀 해달라 말을 전하고는 샤워실로 들어갔다.

팬티형으로 입고 있던 생리대는 흠뻑 젖다 못해 빨갛게 물들었고, 레벨D 전신보호구 안에 입고 있던 수술복은 상의는 물론 하의까지 다 땀으로 젖어있었다. 허리가 너무 아파 처음으로 허리보호대를 착용했다가 벗을 때 보니 너무 땀에 절어 매일 빨아 쓰기 어렵겠다는 생각을 했다. 세 겹의 장갑을 착용하고 일하는데 가장 안쪽 장갑을 벗을 때 땀 한 컵이 후두둑 떨어졌다. 목욕탕에 들어갔다가 나온 것 마냥 손가락들이 쭈끌쭈글했다.

이날은 샤워실에 있는 일회용 샴푸를 깔 힘이 없을 정도로

녹초가 된 날이었다. 딱 그 정도였다. 보호복을 벗은 지 30분이 지나도 손등에 짙게 자국이 남아있는 것을 보고 눈물이 주르륵 흘렀다. 웬만하면 부모님께 연락을 하는 편이 아닌데 이날은 아빠에게 전화를 걸어 나를 좀 데리러 와 주실 수 있느냐고 물었다.

아세트아미노펜 1,000mg을 먹고는 다음날까지 죽은 듯이 잤다. 어떻게 보면 이 음압방에서 온전히 나갈 수 있는 사람은 나뿐인 것 같다는 생각에 몸도 마음도 지친 날이었다.

사망 환자가 발생하며 음압병동에 차가운 냉동관이 들어왔다. 주말과 공휴일이 낀 날에는 관이 나갈 수 없어 병동에 냉동관이 1~2일 이상 놓여 있곤 했다. 약 3개월에 한 번씩 음압병동을 열 때마다 차가운 냉동관을 다시 보지 않게 해달라고 간절히 기도해왔지만 이 바람은 지켜지지 않았다.

심전도 상, 일자그래프(flat)가 확인되면 간호사들은 환자의 사체를 소독액으로 닦고 시신의 코, 입, 항문을 솜으로 막는다. 고인이 된 환자를 사체낭으로 감싸고 냉동관에 안치한다. 장례지도사가 코로나19 음압격리병동에는 들어올 수 없다 하여 사망환자를 정리하는 것은 간호사의 몫으로 남았다. 그중에는 25살의 어린 후배도 함께였다.

코로나19 환자는 감염병 환자로 분류되기 때문에 일반적으로 보호자들이 면회를 할 수 없다. 코로나19 환자의 장례 절차 역시 일반과 다르다. 환자가 사망하면 코로나19 확진환자 사망관리 프로세스에 따라 선 화장, 후 장례로 절차가 이루어진다. 유족들은 환자의 임종을 직접 볼 수 없다. 환자의 상태가 악화되면 의사는 유선으로 보호자에게 환자의 상태를 알리고 임종이 다가오면 병원으로 오라고 연락을 한다. 보호자들이 음압격리병동 간호사실로 들어오면 그곳에 있는 CCTV 모니터로 환자의 마지막 모습을 본다. 원할 경우, 직계 가족 중 단 한 사람만이 보호구를 착용하고 전실로 들어갈 수 있지만 직접적으로 환자 병실에 들어가거나 환자를 만질 수는 없다. 대신 간호사는 환자의 병실에 설치된 전화를 보호자에게 연결해 준다. 청각이 가장 마지막까지 살아있는 감각이니 하고 싶은 말을 마음껏 하라고 전화기를 넘겨준다. 모든 보호자는 수화기를 들고 울부짖는다. 그 모습을 보는 간호사들 역시 마찬가지다.

때때로 고인·유가족에 대한 윤리와 바이러스 대응 사이에서 무엇이 더 우선이어야 하는지를 생각하게 된다. 그 당시에 나는 간호사로서의 선택이 우선이었지만 아직도 답을 내리기 어려운 문제라고 생각한다.

한 명의 가족 구성원이 확진되면 다른 가족들 역시 연이어 줄줄이 확진되는 경우가 많다. 자신의 부모가 임종을 맞는데 자녀의 자가격리 기간이 끝나지 않아 임종을 지키지 못하는 경우도 있다. 어떤 보호자는 '코로나 때문에 우리 가족이 풍비박산되었다'라고 표현했다.

가족을 잃은 슬픔으로 힘겨웠을 보호자분들에게 환자분은 결코 혼자 떠난 것이 아니라고 꼭 말해주고 싶다. 전화기 너머 들리는 보호자들의 음성과 사랑이 환자의 마지막에 함께했다고 말이다.

환자의 보호자는 환자를 생각하며 병원에 여러 물품을 보내온다. 곱게 정리된 딸기, 샤인머스캣, 방울토마토 등의 과일을 받고서도 환자에게 전해주지 못했던 적이 있다. 환자를 위하는 보호자의 마음을 뻔히 알면서도 환자가 섭취할 수 있는 과일의 영양소보다 생명과 직결된 문제를 해결하는 것이 더 급했다.

해결해야 하지만 해결할 수 없는 생명과 관련된 문제가 음압격리병동에는 많았다. 멀쩡하던 사람이 누군가의 도움 없이 소·대변을 볼 수 없고 양치를 할 수 없게 되면 삶의 우선순위는 바뀐다. 면도하고 싶고 손톱 깎고 싶다는 것도 그곳에서는 후 순위였다.

음압병동 간호사실의 전화기는 매일매일 울렸다. 환자를 걱정하는 보호자들의 전화였는데 우리는 그 모든 전화를 다 받을 수 없었다. 눈앞에 숨이 넘어가는 중증환자가 많았기 때문이다. 환자의 상태에 대해 보호자들에게 설명하는 것은 담당의사가 맡기로 정했는데 이것이 보호자들의 걱정을 덜기에 턱없이 부족했음을 안다. 음압격리병동에서 최선을 다했음에도 무언가 마음 한 켠이 불편한 이유는 이러한 이유 때문이다. 이 지면을 빌어 보호자들에게 미안한 마음을 전하고 싶다.

음압격리병동의 위기

동료들은 줄줄이 병원에 입원했다. 간호사들의 피로도는 극에 달했지만 정부의 긴급한 요청이었고 행정명령이었으니 그것을 거부할 권리는 우리에게 없었다. 한 간호사는 근무 시간 동안 착용하는 인이어로 돌발성 난청이 생겨 이비인후과에 입원해 고용량 스테로이드 치료를 받았다. 함께 입사한 동료 중 두 명은 음압격리병동에서 약 2.5kg에 이르는 전동식 호흡보조장치(PAPR)로 인해 디스크가 터져 응급실에 실려갔으며 그중 하나는 임상간호사를 그만두었다.

동료가 디스크가 터져 꼼짝없이 병원 침대에 누워 있어야만 할 때, 끼고 있던 무선 이어폰 한 쪽이 바닥에 떨어졌음에도 그것을 주울 수 없었을 때, 당연하게 했던 것들을 하지 못하게 되었을 때, 그 비참함과 속상함에 어둠 속에서 끅끅거리며 울었을 때, 그것이 고작 27살에 벌어진 일이었을 때, 나는 무엇을 위해 더 이곳에 있어야 하나를 진지하게 고민했다. 이때만큼은 '호흡기·감염내과 간호사로서 무엇을 위해 버터야 하는가?'라는 질문에 답을 찾지 못했다. 코로나19가 종식되고 모든 게 제자리로 돌아가면 아프고 병든 우리 간호사들의 모습만이 남을 것 같았기 때문이다.

최선을 다해도 환자가 좋아진다는 보장이 없었고 실제로 환자는 계속 사망했기에 간호사들의 사기는 떨어져갔다. 열흘에 한 번꼴로는 어두컴컴한 음압격리병동에서 도망치고 싶었다. 민간병원에 정부의 행정명령이 내려진 것이 야속할 때도 있었다.

무엇을 위해 버텨야 하는지가 희미해졌을 때, 음압격리병동 안에서 최선을 다해 지키고 싶었던 환자들이 머릿속에 떠올랐다. 그 아련한 잔상만이 지금 이 시기를 살아가고 있다는 것을 느끼게 해주었다.

2020년부터 2021년까지는 코로나19가 세상을 지배하며 평범한 일상이 무너지면 어찌 되는지를 실감한 시간이었다. 흰 도화지에 파란색 물감이 있고 그 위에 흰색으로 붓 칠을 한 것처럼 쨍한 파란 하늘을 보고서 어색했던 적이 있다. 대부분의 것들이 멈추었던 음압병동이기에 떠갈 수 있는 구름이 자주 부러웠다.

누군가는 반드시 해야 했지만 모두가 하기 싫어했던 일

이 글을 어떻게 끝맺어야 할까.

2021년 5월, 우리는 음압격리병동을 네 번째 열고 다시 긴 싸움길에 올라섰다. 부디 이것이 길고 긴 바이러스와의 마지막 싸움이기를 바란다.

엊그제는 또 한 명의 환자가 세상을 떠났다. 일반 호흡기내과 병동에 코로나19 중환자실을 만들어 운영해야 했던 지난 1년 6개월 동안 많은 것을 배우고 느꼈지만 동시에 잃은 것도 많다. 이 시기 동안 힘들지 않은 사람은 없다. 힘든 시기에 기를 쓰고 기록을 남겨온 이유는 단 하나다. 경희의료원 호흡기내과 음압격리병동에서 처음부터 지금까지 버텨 온 32명의 식구들을 위해서. 내가 때때로 누군가의 위로가 필요했듯 동료들도 마찬가지일 것이다. 지금 당장은 아닐지라도 이 글이 10년 후, 20년 후의 우리에게 위로로 남기를 희망한다.

누군가는 반드시 해야 했지만 모두가 하기 싫어했던 코로나19 병동 운영을 우리는 포기하지 않고 꿋꿋하게 지켜왔다. 그 고통과 땀방울, 눈물에 이 글을 바치고 싶다. 수고 많았다고. 이제 끝이 보인다고. 어려운 상황에서 꿋꿋이 자리를 지켜준 모두에게 고맙다고.

마지막으로 제한된 환경과 한정된 인력에서 매일매일을 고생하셨던 음압격리병동의 수장, 김은경 수선생님께 말로 표현할 수 없는 감사한 마음을 전하고 싶다.

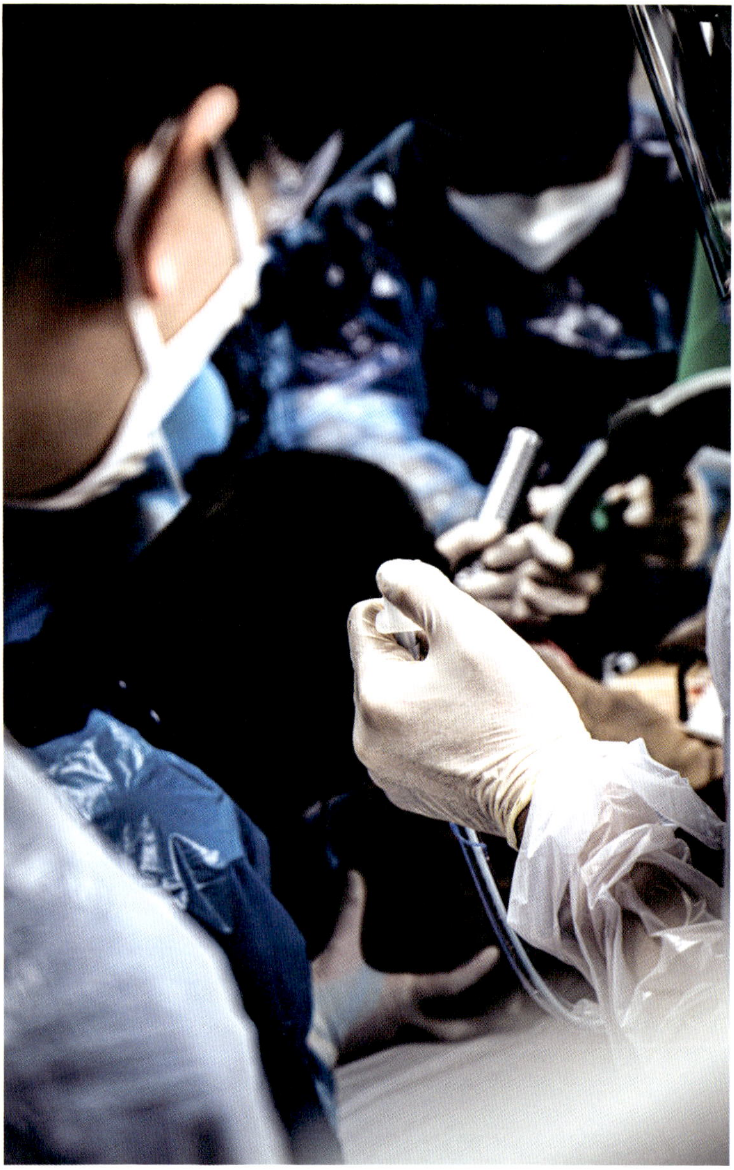

이강용 | 서울대학교병원

#천사의손길

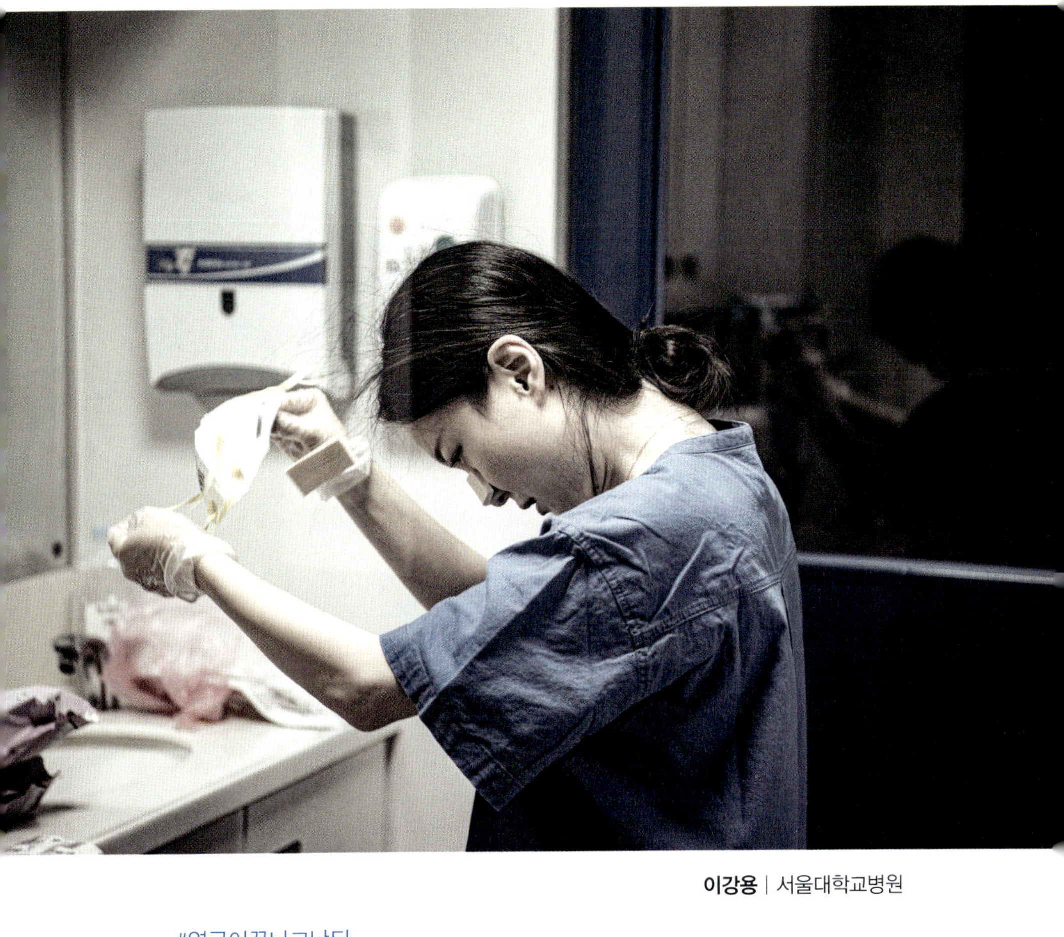

이강용 | 서울대학교병원

#연극이끝나고난뒤

외부와 단절된 벼랑 속 공간에서의 슬픈 작별의 시간을 겪으며

장안우 | 서울성모병원

국내에서 첫 코로나19 바이러스(COVID-19)로 인한 확진자가 발생한 2020년 1월 20일. 이로 인해 우리의 일상적 삶이 송두리째 바뀔 것이라는 것을 그때는 몰랐다. 마스크 없이 돌아다닐 수 없는 현실이 올 것이라고 그때는 미쳐 몰랐다. 평범한 일상의 소중함, 사랑하는 내 주변인들과의 만남 속 행복감이 이리도 간절해질 줄은 그때는 정말 몰랐다.

코로나19 시대가 가지고 온 언택트, 비대면은 일상을 넘어 코로나19 바이러스에 감염된 환자를 돌보는 병원에 미친 파급력 또한 어마어마했다. 그중에서도 특히 중증 코로나19 환자를 돌보는 코로나19 중환자실은 망망대해 한가운데 떠 있는 위태로운 선박과 같이 생과 사의 갈림길 위에 놓인 곳과 같았다. 폐가 안 좋아져 숨이 차기 시작한 환자는 답답하고 숨 막히는 음압텐트 안에 옮겨진 채, 응급 시 수동으로 환자에게 산소를 주입하는 앰부백(Bag-valve mask, 인공호흡장비)을 다루는 긴박한 의료진의 손놀림과 함께 격리병실로 입원을 온다.

환자는 병실에 다다라서야 음압텐트에서 벗어나지만 병실 또한 이중문으로 굳게 닫혀진 음압격리병실이다. 그 이후로 가족의 일상적인 면회는 불가하며 오로지 임종기 면회만 가능하다. 따라서 가족들이 환자분의 얼굴을 볼 수 있는 방법은 2가지이다. 완치 혹은 호전되어 병원 밖을 나가서 가족의 품으로 돌아가거나, 임종이 얼마 남지 않은 채 의식이 희미해져가는 모습을 CCTV 자그마한 화면 속에서 마주하는 것이다.

우리는 모든 환자분들이 건강해진 모습으로 사랑하는 가족분들과 만나기를 염원하며 가족의 빈자리를 채워주고자, 말 한마디라도 따뜻하게 건네고 정감 어린 손길로 간호하려 노력했다. 위중해지는 환자분들의 소생을 기도하며 방호복 안으로 뚝뚝 떨어지는 땀방울은 아랑곳하지 않고 코로나19와 사투를 벌였지만, 끝끝내 가족의 품으로 돌아가지 못한 몇 분의 생경하고 슬픈 작별의 시간을 잊을 수가 없다.

그중 김OO님은 고령에 폐기저질환이 있었던 분이다. 입원 당일 여기는 몇 층이냐고 성우 같은 목소리로 말씀하셨던 것이 아직도 기억에 생생하다.

만성폐쇄성 폐질환때문인지 환자분의 폐상태는 코로나19 바이러스로 인해 급격히 안 좋아졌고, 급기야 입원 이틀 만에 기관삽관을 하고 인공호흡기를 연결했다. 인공호흡기를 연결하면서 삽관제거 위험성으로 부득이 보호자분의 동의를 얻어 상지억제대를 하게 됐다. 환자분은 기관삽관으로 말씀은 못하셨지만 고개를 끄덕이거나 눈을 깜박이는 방법으로 의사 표현을 하셨다. "김OO님, 잠결에 환자분이 이 관을 뽑으면 너무 위험할거 같아서 부득이 손을 묶는 거예요. 너무 죄송하지만 협조 좀 부탁드릴게요"라고 말하는 간호사에게 괜찮다고 고개를 끄덕이며 온화한 미소를 보여주셨고, 2시간마다 체위변경을 하거나 기저귀를 교환할 때는 행여나 간호사가 힘들어하는 것이 걱정되셨는지 본인이 힘닿는 데까지 움직이시며 엉덩이를 들썩여 주셨다.

그러나 시간이 갈수록 환자분의 폐 상태는 점점 악화됐고, 패혈증 증세까지 보였다. 입원 5일째, 환자분이 얼마 못 버티실 것 같다고 판단한 담당의사는 황급히 가족에게 임종기 면회를 오셔야 할 거 같다고 설명했다. 그러나 아내분은 확진자라 면회가 불가했고, 아드님과 따님은 해외에서 입국한 지 얼마 되지 않아 격리 중으로 코로나19 음성 결과가 있어야만 면회가 가능했다.

임종 전 남편을 볼 수 없는 아내분의 전화기 너머로 흐느끼는 소리가 들렸다. 어떤 말이 위로가 될지 머릿속이 하얘지면서 통곡의 소리 도중 그 어떤 위로도 해드릴 수가 없었다. 아드님은 코로나19 검사 결과가 시간이 걸린다고 하여 결국 코로나19 음성 확인이 된 30대 따님과 사위분에게만 병동 내 CCTV 면회가 허락됐다. 따님은 CCTV의 작은 화면 속, 가깝지만 멀게만 느껴지는 아버지의 모습을 보고 참았던 눈물을 터뜨리셨다.

병실 내 콜벨을 들어 따님께 마지막으로 아버지께 하실 말씀이 있으신지 여쭤보았다. 따님은 화면 속 아빠를 애절하게 바라보며 전화기를 들고 흐느끼며 말씀하셨다. "아빠, 이렇게나 외롭고 힘들게 보내드려서 정말 미안해. 우리 가족 모두가 아빠를 너무너무 사랑하는 거 알지? 난 다시 태어나도 아빠 딸로 태어날 거야. 그동안 너무 고마웠고 정말 사랑해"라고 말이다. 환자분은 그 목소리를 들으셨는지 잠시 맥박 수에 변화가 있는 것 같더니 결국 숨을 거두고 마셨다. 나는 흐느끼는 따님의 손에 조용히 티슈를 쥐어 드리는 것 외에 역시나 어떠한 말도 해드릴 수가 없었다.

따님이 아빠의 CCTV 속 마지막 모습을 핸드폰 사진 속에 담고 싶다고 하셔서 얼마든지 괜찮다고 말씀을 드렸다. 사진을 찍으시더니 갑자기 다리에 힘이 풀리셨는지 털썩 주저앉아 하염없이 눈물을 흘리셨다. 나와 후배 간호사는 얼른 부축하여 의자에 앉혀 드렸고, 떨리는 어깨를 조용히 안아 드렸다. "정말 좋은 아빠, 우리 아빠는 정말 좋으신 분이셨는데, 너무 원망스러워요. 코로나가 뭔데..."라고 말씀하시며 이내 핸드폰 사진과 CCTV를 번갈아보시며 또 한 번 흐느끼셨다.

따님은 2년 만에 본 아버지의 모습을 작은 CCTV 화면 속 핏기 없는 모습으로 마주해야 했다. 따님의 마음이 너무나도 공감됐고, 임종의 순간을 함께 하지 못한 다른 가족들의 슬픔 또한 전해지는 것 같았다.

코로나19 임종 절차에 따라 고인은 이중 시신백으로 감싸져서 병실 안에 올라온 관에 모셔졌다. 입관 후 실리콘으로 관을 밀봉한 후 바로 지정 화장터로 운구되었다.

나는 그동안 수많은 임종 과정을 옆에서 지켜본 12년 차 간호사이지만 코로나19 환자의 임종은 여타의 다른 임종과는 달리 몹시 낯설고 힘들었다. 환자의 가족은 오죽이나 비통하고 애통할지 감히 그 깊이를 헤아릴 수조차 없었다. 애도할 시간을 잃어버린 채 낯설고 당혹스러운 이별의 시간을 겪어야만 하는 코로나19 환자의 임종! 고인은 화장시설에서 유골이 되어서야만 비로소 평범해진다는 말이 맞는 것 같았다.

뉴스나 인터넷 기사에서 봤던 코로나19 확진자의 사망자 수는 제3자에게는 단순히 숫자와 통계치에 불가할 수 있을지 모르지만, 그로 인해 사랑하는 가족을 잃은 사람들에게는 씻을 수 없는 아픔이자 슬픔이다. '나 하나쯤이야. 감염관리 수칙을 안 지키면 어때'라는 이기적인 태도는 당사자뿐만 아니라 사랑하는 가족과 친구, 더 나아가서는 온 국민을 위협할 수 있는 행동이 될 수도 있다는 것을 많은 사람들이 알아줬으면 좋겠다.

제3자에게는 단순히 숫자와
통계치에 불과할 수 있을지
모르지만, 그로 인해 사랑하는
가족을 잃은 사람들에게는
씻을 수 없는 아픔이자 슬픔이다

2021년 5월 25일 자로 코로나19 사망자 수는 1,938명이다. 1,938명 모두가 하늘에서는 비로소 고통 없이 환한 미소를 지을 수 있기를 진심으로 기도하며, 코로나19가 종식되는 그날까지 나는 오늘 하루도 소중한 생명을 살리기 위해 끝까지 최선을 다해 노력할 것이다.

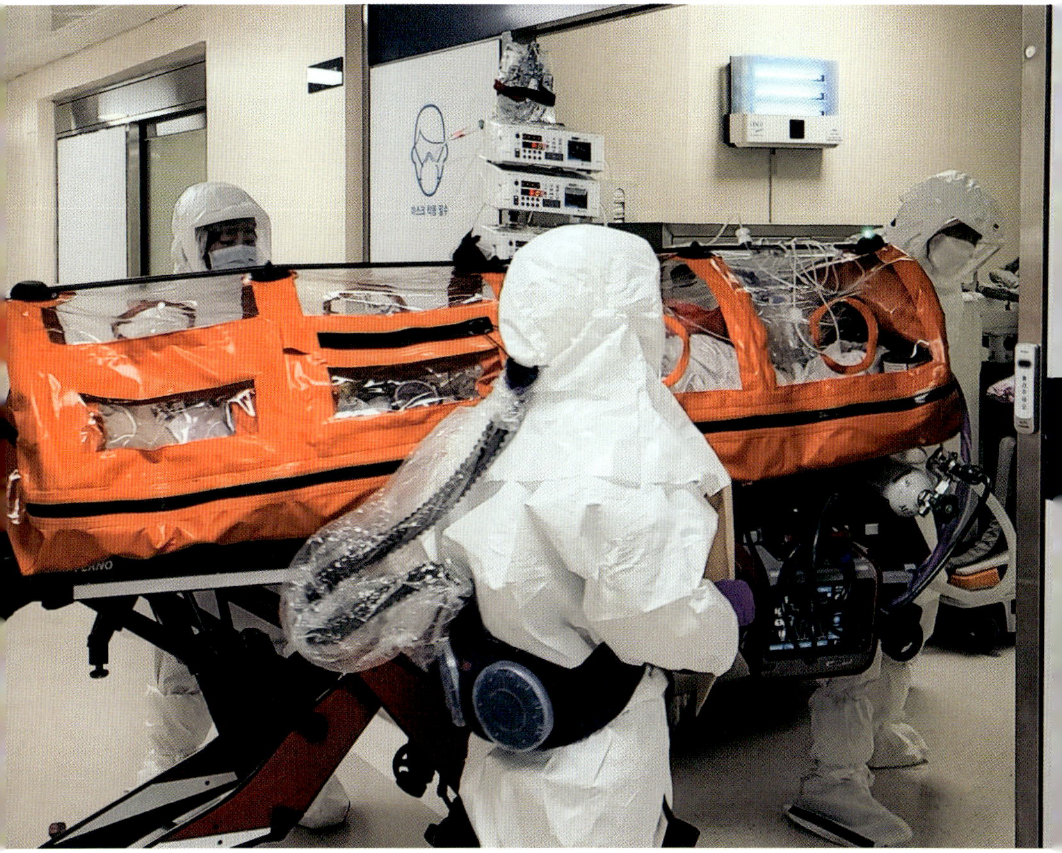

이동혁 | 서울대학교병원

#환자를지키는마지막방어선 #코로나19중환자실

우리 부부, 코로나 잡으러 갑니다

장응식 | 국립건강정신센터

저는 국립정신건강센터 소속 정신과 간호사이자 코로나19병동 근무 간호사입니다. 정확하게는 정신과 간호사였다가 현재는 코로나19 양성 환자 중 정신질환자를 간호하는 간호사입니다.

코로나19 환자를 간호한 지 어느덧 1년 4개월이 넘었습니다. 저는 2020년 2월 20일, 저의 삶뿐만 아니라 제가 속한 직장에서의 삶을 모두 바꿔버린 그날이 잊혀지지가 않습니다.

작년 2월 20일. 여느 때와 마찬가지로 데이 근무를 끝내고 퇴근 준비를 하고 있었습니다. 평소와 다른 것이 있었다면 당시 여자 친구였던 현재 아내가 디스크로 병원에 입원해 있어 매일같이 간식거리를 가지고 병문안을 가고 있었다는 것입니다. 그날도 함께

새콤한 냉면을 먹자며 콧노래를 흥얼거리고 옷을 갈아입고 있었습니다. 퇴근한 지 5분도 채 되지 않은 시간에 울리는 휴대폰에는 병동 전화번호가 찍혀 있었고, 업무상 뭔가 놓친 사항이 있나 싶어 급히 전화를 받았습니다. 곧이어 들리는 팀장님의 다급한 목소리.

"응식 선생님, 아직 집에 안 갔죠? 지금 선생님이 급히 청도로 내려가 봐야겠어. 자세한 사항은 가면서 알려줄 테니 일단 유니폼하고 신발 챙겨서 1층으로 올라와요!"

어안이 벙벙한 채로 급히 옷만 챙겨 올라가서 들은 충격적인 소식. 경북 청도에 대남병원이라는 정신과 병원에서 다수의 코로나19 환자가 발생했으며, 코호트 격리 이후 정신과 환자들을 어떤 방법으로 치료해야 할지 사태 파악을 위해 소수의 선발대를 파견하는데, 제가 선정된 것이었습니다.

코로나19라는 전염병이 퍼지기 시작했다는 뉴스를 많이 봤지만, 실제로 대면한 적이 없어 와닿지 않았고, 당시에는 코로나19에 대한 정확한 정보와 치료법에 대한 정보가 부족하여 코로나19에 걸리면 자칫하다 죽는다는 소문이 돌던 상황. 정신을 차리고 저를 기다리고 있을 아내에게 전화로 소식을 알리자 수화기 너머로 무슨 말이냐며 떨리는 목소리가 들리고, 서로를 진정시키지도 못한 채 저는 급히 차에 몸을 실었습니다. 저를 비롯한 선발대 4명에게 방호복 착용과 감염 수칙에 대해 받은 교육을 꼭 기억하라고 신신당부하는 선생님들을 뒤로 한 채 경북 청도로 출발했습니다.

모두 근무 중 급히 출발하느라 개인 사물은 물론 속옷도 챙기지 못한 상황. 차 안은 무거운 분위기로 가득 차 있었고, 다들 가족들에게 전화를 하며 무사히 돌아올 테니 걱정 말라는 말을 떨리는 목소리로 반복하고 있었습니다. 차마 저는 고향에 혼자 계신 어머니에게 연락할 수 없었고 누나에게만 소식을 전했습니다. 코로나19를 대면한다는 두려움에 달리는 차창 밖으로 보이는 노을이 그날따라 왜 이리 슬프게 느껴졌는지...

밤늦게 청도 군청에 마련된 대책본부에 도착했고, 늦은 시간에도 다급히 움직이며 쉴 새 없이 이어지는 회의에 정신을 차릴 수가 없었습니다. 대남병원 확진자는 100명을 넘겼고, 의료진들 역시 감염되어 환자들에게 제대로 된 간호를 제공하지 못하는 상황.

며칠간 계속된 회의 끝에 제가 소속된 국립정신건강센터를 코로나19 확진자를 수용하기 위한 역할로 바꾸고, 그전까지 각 국립병원에 소속된 의료진이 코호트 격리된 대남병원으로 모여 환자들을 간호하자는 결정이 내려졌습니다. 센터 동료 의료진들이 든든한 지원군으로 내려왔고 그날 나이트 근무부터 본격적인 투입이 시작되었습니다. 저는 선발대로 내려와 이곳 사정을 먼저 파악하고 있었기에 자연스럽게 첫 근무자로 들어가게 되었습니다.

기존 일하던 직장과는 다르게 노후된 대남병원의 시설. 음압이 갖춰지지 않은 낯선 환경, 처음 마주하게 된 100여 명의 환자들, 지칠 대로 지친 대남병원 의료진들은 신경이 날카로워져 있었고, 외부로부터 제대로 된 지원을 받지 못해 병동 내부는 엉망진창이 되어 있었습니다. 한 쪽에 쌓여있는 도시락 통에서는 음식물이 흘러나오고 그 옆에 누워 있는 환자들, 배출되지 못한 린넨은 구석에 널브러져 있어 퀴퀴한 냄새가 N95 마스크를 뚫고 들어올 정도였습니다. 무엇보다 가장 두렵고 힘들었던 것은 난생처음 입어본 방호복이 너무 더워 땀은 비 오듯 흐르고, 답답한 마스크에 숨은 잘 쉬어지지 않는 데다가, 고글에는 김이 서려 한 치 앞도 보이지 않는 상황에서 두꺼운 장갑을 낀 채 처치를 하다 보니 평소 능숙했던 간호 활동이 아무것도 되지 않는 것이었습니다. 처음 보는 100여명의 환자들과는 라포 형성이 되어 있지 않아 폐쇄된 공간에서 언제 어떤 상황이 일어날지 알 수 없었고, 코로나19로 인해 이미 10여 명의 환자들은 상태가 악화된 상황이었습니다.

길고 긴 10시간을 믿고 의지할 수 있던 사람은 투입된 우리 4명의 의료진이 전부였기에 한 명이 앞이 보이지 않으면 다른 한 명이 안전한 곳으로 끌고 나오기를 반복했습니다. 감염 예방을 위해 방호복 착용 시간이 2시간을 넘기지 않도록 배웠지만, 첫 투입조인 저희가 처리해야 할 업무가 많았기에 그날 4명 모두 방호복을 8시간 넘게 입고 나서야 첫 휴식 시간을 가질 수 있었습니다.

그렇게 악몽과도 같던 10시간을 버티고 숙소로 돌아오는 길. 차 한 대, 사람 한 명 없는 황량한 길을 걸으며 어머니와 아내에게 전화를 걸었고, 밤새 저를 감싸고 있던 긴장과 두려움이 풀어져 버린 탓인지 참을 수 없는 눈물이 쏟아져 나왔습니다.

속으로는 '너무 힘들다. 못하겠다. 도망가고 싶다' 외치고 싶었지만, 너로 인해서 죽을 고비를 넘어 살아나고 있는 사람들을 생각하라며 간호사로서의 자긍심을 일깨워주시는 어머니의 말씀과 저보다 더 저를 생각하며 걱정해 주는 아내의 응원에 마음을 다잡고 다짐하게 되었습니다. '위기 상황 속에서 가장 먼저 들어가고, 가장 나중에 나오는 간호사가 되자.'

이후 많은 의료진들과 중수본 관계자들, 자원봉사자들이 힘을 합쳐 어려운 상황을 개선해 나갔고, 대남병원에 투입된 지 15일 만에 모든 환자들의 이송 절차를 성공적으로 마무리할 수 있었습니다.

힘들었지만 많은 것을 배울 수 있었고 코로나19 대처에 대한 자신감을 가지게 되었던 대남병원에서의 경험 때문이었을까요. '코로나19라는 질병이 어렵고 두려운 대상이지만 이겨낼 수 있다'라는 신념을 가지게 된 우리 부부는 이후로도 대구 제2미주병원 집단감염, 충북권 정신과 병원 집단감염, 국립마산병원 파견, 수도권 지역사회 감염 등 정신과적 질환을 가진 환자들 중 코로나19 확진 판정을 받은 사람들을 간호하기 위해 종횡무진 다니고 있습니다.

최근 수도권을 중심으로 크게 재유행하기 시작한 코로나19. 국민들도 의료진들도 지칠 대로 지쳤지만, 직접 마주해 본 코로나19는 이기지 못할 상대가 아님을 느꼈습니다. 모두가 안이해진 인식을

'위기 상황 속에서
가장 먼저 들어가고,
가장 나중에 나오는
간호사가 되자'

다시 바로잡고 방역수칙을 준수하며 노력한다면 코로나19가 없던 이전의 삶으로 돌아갈 수 있다고 믿습니다. 그 믿음을 갖고 저는 다시 저의 도움을 필요로 하는 환자들을 위해 방호복을 입습니다.

코로나19에 맞서 싸우고 있는 모든 의료진들과 관계자분들, 존경합니다. 힘내십시오!

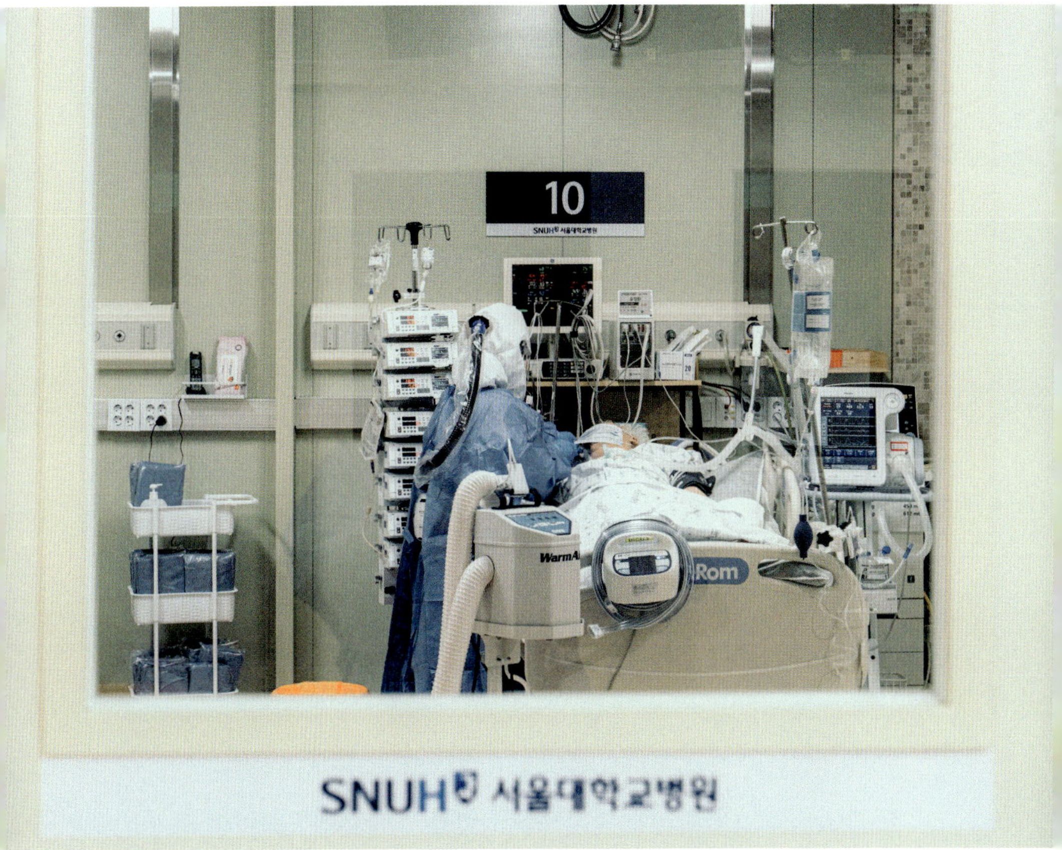

이동혁 | 서울대학교병원

#환자를지키는마지막방어선 #코로나19중환자실

너에게 쓰는 편지

전이화 | 중앙대학교병원

코로나에게.

안녕 코로나야, 나는 1년 6개월째 너와 함께하고 있는 간호사야. 아마 너를 만났고 지금도 만나고 있는 의료진과 환자가 너무 많아서 너도 많이 헷갈리겠지.

우리의 첫 만남은 우한에 있는 우리나라 국민이 전세기를 타고 왔을 때였는데 그날은 나도 환자들도 모두 힘들었어. 보호복을 입은 의료진과 음압병실을 낯설어하고 힘들어하는 환자 사이의 갈등을 비롯해 어떠한 체계도 잡히지 않은 상태라 우왕좌왕 그 자체였어. 그때만 해도 난 이렇게까지 오랫동안 네가 내 곁에 있을 줄 몰랐어. 몇 개월만 지나면 하얀 보호복과 여러 겹의 장갑을 벗고 일상적인 간호사 생활로 돌아갈 줄 알았거든. 그런데 벌써 두 번째 여름을 맞이했어.

나는 네 덕분에 출근할 때 고양이 세수만 하고 출근을 한 지 오래됐어. 왜냐하면 보호복을 벗고 나올 때 항상 샤워를 해야 하거든. 그래서인지 우리 병동 간호사들의 머리에서는 같은 샴푸 냄새가 나.

요즘은 날이 너무 더워져서인지 보호복을 입고 나서 조금만 움직여도 땀 때문에 보호복이 피부에 붙어버려서 온 몸이 따갑고 너무 괴로워. 그리고 벗을 때까지 물도 못 마셔서 갈증도 너무 심해. 그래도 나를 지켜줄 수 있는 건 이 보호복 하나 뿐이라 그마저도 찢어지거나 할까봐 조심스러워하면서 일을 해. 그럼에도 불구하고 나를 포함해 우리 코로나19병동의 간호사들이 이렇게 오랫동안 로테이션 신청도 없이 계속 여기에 있는 건 나 하나의 부재로 나머지 간호사들이 더욱 힘들어질 걸 알기 때문이야. 어떤 영웅심이나 자부심은 없어진 지 오래고 이제는 이 악물고 버티면서 네가 이길지 우리가 이길지 하는 작은 내기를 하고 있다는 표현이 맞을 거야.

얼마 전 음압병실로 들어가서 발 디딜 틈도 없이 일을 하다가 창밖을 보는데 너무 맑고 화창한 하늘을 마주했어. 몇 달 만에 제대로 본 하늘일까. 음압병실은 창문을 열 수도 없는 건 기본이고,

에어컨을 켤 수도 없이 오직 음압기와 기계소리만 가득한 곳이야. 거기다 환자들은 혼자 있어서 정말 적막하고 외롭겠다는 생각이 문득 들었어. 그나마 나는 걸어서 창가라도 갈 수 있지만 환자들은 각종 장치를 달고 있고 거동조차 할 수가 없어서 천장만 바라본다고 생각하니까 마음 한켠이 쓸쓸해졌어. 거기다가 퇴원할 때까지는 그 누구도 만날 수도 없어. 나도 환자도 모두 힘들게 하는 너에게 이렇게 편지를 쓰게 된 건 하나의 사건이 있었기 때문이야. 너가 꼭 이 편지를 읽고 마음이 약해지길 바래.

그날은 여느 때와 똑같은 근무의 시작이었어. 출근을 해서 인계를 받고 간호사 한 명은 음압병동에 들어가 있는 간호사와 즉시 교대를 해주기 위해 출근하자마자 보호복을 입고 바로 들어갔어. 인공호흡기를 달고 있던 환자였는데 신장도 나빠져 병실에서 지속적으로 투석을 하는데도 소변은 나오지 않고 혈압을 약으로 조절을 해도 효과가 잘 나타나지 않더니 이제는 더 이상 약으로 조절을 하는 것도 한계에 다다랐고 거기다 산소포화도도 점차적으로 떨어지고 있었어. 고작 50대 초반의 나이였는데 기저질환도 없이 오직 너 하나로 그렇게 상태가 안 좋아 진거야. 결국 환자의 심전도에서 심장이 뛰지 않았고 그렇게 우리는 심폐소생술을 시작했어. 일반병동이었다면 심폐소생술(CPR)방송(CPR 교대를 위해 의료진을 요청하는 병원 내 방송)도 하고 많은 간호사가 투입되면서 일이 진행이 됐을 텐데 우린 고작 간호사 두 명에 의사

한 명이었어. 보호복을 입고 들어가서 처치를 하는 시간이 더욱 오래 걸리기 때문에 최소한의 의료진으로 진행할 수 밖에 없었어.

20분 여 쯤이 흘렀을까...... 환자의 맥박은 돌아오지 않고 있었어. 결국 보호자가 도착하고 심폐소생술을 그만 멈추기로 결정하였고 나는 그렇게 또 하나의 환자를 보냈어.

감염환자는 일반환자처럼 일반 관으로 옮길 수도 없고 장례지도사도 출입을 할 수 없어서 임종을 함께 할 수 있는건 고작 의료진 뿐이야. 거기다 보호자도 출입을 할 수가 없어서 CCTV로만 환자의 마지막을 함께 할 수 있었어. 나와 다른 간호사는 함께 하나씩 환자의 몸에 붙어있던 장치를 제거하고 제거한 자리에 바이러스 노출 방지를 위해 방수테이프를 붙여주었고, 깨끗한 환의로 갈아입혀 주었어. 코로나19 임종환자는 총 3번에 거쳐 시체백과 바디백에 들어가게 되는데 관에 들어가기 전에 보호자가 얼굴을 볼 수 있어 무엇보다 얼굴을 깨끗이 닦아 주었어. 입원하자마자 인공호흡기를 달았던 환자라 임종 때까지 이야기도 한 번 나누지 못한 게 생각나 마음이 좋지 않아 마음 속으로 그에게 명복을 빌어주었어. 보호자에게 임종 후에는 화장만 해야 하고 사망진단서 필요부수 등을 설명한 상태였는데 병실 전화기로 보호자가 전화 와서 뭐부터 준비해야 할 지 모르겠다고 울먹이면서 말했어. 환자의 유일한 보호자는 20대 초반 밖에 되지 않는 딸 하나였는데, 나도 간호사이기 전에 누군가의 딸로서, 그 딸이 앞으로 아버지의 부재로 살아갈 날들이 생각나 결국 그 자리에 주저앉고 말았어. 그날은 유난히도 몸과 마음이 무거웠던 날이었고 그동안 잘 버텨왔던 나를 잃어버린 기분이었어.

네가 나타난 이후로 친구들과 함께 학교에서 웃으며 뛰어놀던 아이들의 모습, 모든 가족이 모여 명절을 함께하던 순간들, 한강에서 직장동료와 치맥을 함께하던 여유까지도 너로 인해 모두 사라졌어. 이게 정말 네가 원했던 결과라면 이제 그만 충분하다고 생각해.

이 편지는 너에게 전달되지도, 전달될 수도 없는 편지라는 걸 잘 알지만 편지를 통해 나의 작은 소망을 전해 보려해. 우리 이제 그만 안녕하자.

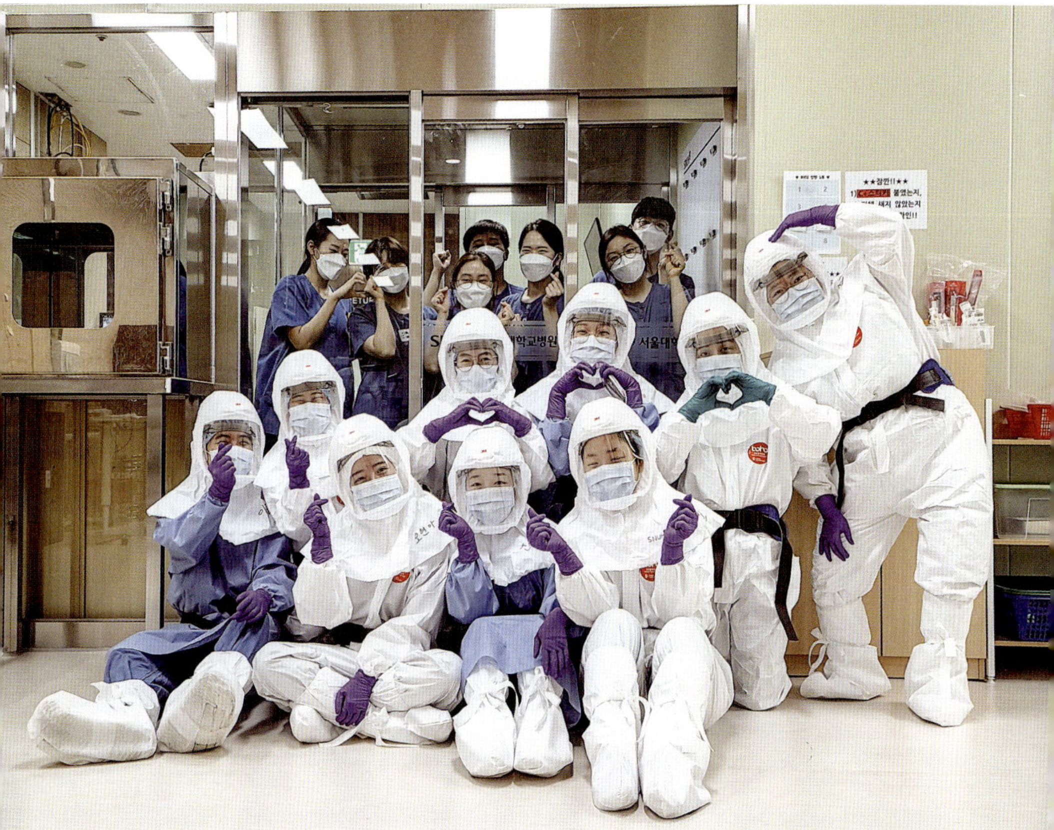

이동혁 | 서울대학교병원

#환자를지키는마지막방어선 #코로나19중환자실

방호복을 입은 천사,
우리 엄마

전혜원 | 경기도의료원 안성병원 간호사 가족

코로나19 전에는, 백의의 천사셨던 간호사 우리 엄마. 지금은 레벨D의 방호복을 입은 천사가 되셨다.

2020년 2월, 엄마께서는 "딸, 엄마 코로나 병동에서 근무해도 될까?"라고 물어보셨다. 처음에는 당연히 걱정이 앞섰다. 코로나19 병동 간호사라 하면, 코로나19 환자를 돌보기 때문에 감염 위험이 높지 않을까 하여 무척 걱정이 되었다.

엄마의 나이는 50대 중반으로, 코로나19에 감염되기라도 한다면 치명적일 것이 불 보듯 뻔했다. 딸인 나로서는 말리고 싶은 마음이 굴뚝같았다. 하지만, 엄마께서는 공공병원에서 일하는 간호사로서, 책임감을 갖고 코로나19 환자를 꼭 돌보고 싶다고 하셨다.

천사 같은 마음과 책임감으로 코로나19병동에 가시겠다는 엄마를 보며 차마 말릴 수 없었다. 그때부터 우리 엄마께서는 코로나19병동을 진두지휘하는 코로나19병동 수간호사로 일하게 되셨다. 그냥 코로나19병동 간호사도 아니고 수간호사라니. 얼마나 많은 책임감과 부담감이 엄마의 어깨를 누르고 있을지, 딸인 나로서도 가늠조차 안 되었다.

1년도 더 지난 지금까지도 여전히 엄마는 코로나19병동의 수간호사로서 일하고 계신다. 항상 엄마를 존경해왔지만 코로나19 이후에는 더욱더 존경하게 된 마음을 꾹꾹 담아 글을 써 본다.

코로나19병동을 맡으시고 찾아온 겨울, 엄마는 갑자기 집에 있던 겨울옷들을 싸시기 시작했다. 멀쩡하고 좋은 겨울옷들을 갑자기 챙기셔서 나는 당황스러웠고 엄마께 여쭤보았다. 코로나19 환자들이 퇴원할 때, 입을 겨울옷이 없어서 엄마께서는 우리 집에 남는 겨울옷을 갖다 드리면 어떨까 생각하셨다고 한다. 엄마 병동에는 특히, 요양원에서 온 환자분들이 많았고, 그분들 중 보호자가 없는 딱한 코로나19 환자분들이 퇴원할 때 입을 옷이 없었던 것이었다. 이런 상황들을 다 헤아리고, 우리 집의 겨울옷을 나눠주려고 한 엄마를 보며 나는 그때, 엄마가 천사 같아 보였다. 간호사인 엄마께서 선한 마음으로 환자를 바라보신다는 것은 알고 있었으나, 그 마음을 온몸으로 체감한 순간이었다.

그래서 나도 엄마를 도와, 나의 겨울옷을 몇 벌 꺼내 엄마께

힘을 보태드렸다. 그렇게 엄마께서는 겨울옷들을 한 아름 챙겨 병동에 가져가셨다. 엄마의 이런 선한 행동을 본 동료 간호사분들께서도, 겨울옷을 몇 가지 가져오시기 시작했다. 엄마로부터 시작된 선하고 자상한 겨울옷 나눔은 병동에 점차 번졌다. 그렇게 겨울옷을 나눔 받은 코로나19 환자분들께서는 따뜻하게 퇴원하셨다고 한다. 내 눈뿐만 아니라 코로나19 환자분들 눈에도, 동료 간호사분들 눈에도 엄마는 아마 천사 같아 보이지 않았을까? 날씨는 추운 겨울이었겠지만 엄마를 만난 코로나19 환자분의 마음만은 봄이 이르게 찾아왔기를 바란다.

레벨D의 방호복을 하루에도 몇 번이나 입고 벗으며 코로나19 병동을 오가시는 우리 엄마. 방호복을 입고 환자를 돌볼 때면, 땀이 비 오듯이 쏟아진다고 하셨다. 하루 종일 쓰는 마스크 때문에 엄마의 코와 귀 뒤쪽 피부는 남아나질 않았다. 심지어 코로나19 병동의 수간호사인지라, 바빠서 끼니를 거를 때도 많으셨다. 나는 엄마께서 집에 오시면 "엄마, 오늘은 점심 먹었어?"라고 물어보고는 했다. 못 먹었다는 말이 답으로 돌아올 때가 훨씬 많았다. 심지어, 엄마께서 나이도 적지 않으셔서 그런지 체력적으로 점점 힘이 부쳐오는 게 느껴졌다. 퇴근하고 집으로 돌아오시면, 바로 누울 정도로 힘들어하셔서 딸로서 속상하기도 했다. 끝이 보이지 않는 코로나19라는 병마와의 싸움에서, 그 싸움 가운데 계신 엄마가 걱정되어 눈물을 흘리지 않을 수 없었다. 하지만, 그럼에도 불구하고 엄마께서는 힘을 내서 코로나19병동을 지켜야겠다고 하셨다. 턱없이 부족한 코로나19 의료진 가운데, 엄마는 선한 마음과 강한 마음으로 코로나19병동을 지키고 계셨다. 그런 엄마가 한없이 존경스럽고 대단할 뿐이다.

날씨가 좀 선선해지면 방호복을 입은 의료진분들께서 조금은 덜 힘들어질까? 나는 하루빨리, 더운 여름이 어서 지나고 가을이 와서 방호복이 조금이라도 덜 힘들어지기를 바라본다.

또한, 코로나19 때문에 엄마와 생이별한 적도 있었다. 엄마께서 원래 있던 코로나19 전담병원에서 떠나, 생활치료센터로 두 달 동안 파견을 가시게 되었기 때문이다. 엄마는 편한 집을 떠나 생활치료센터의 기숙사에서 살며 코로나19 환자들을 돌보셨다. 평일에는 기숙사에서 지내며 생활치료센터에 계셨고, 주말마다 집에 오셨다. 엄마께서 코로나19 때문에 위험하지는 않을지, 기숙사는 편할지 걱정하며 우리 가족은 더 가슴앓이 하였다. 지금은 파견근무를 마치고 다시 원래 일하던 병원으로 돌아오셨다.

엄마가 코로나19 환자를 맡게 되고 걱정이 연속인 나날이었지만 특히, 가슴 아팠던 날은 엄마께서 백신을 맞은 날이었다. 코로나19 의료진은 전국에서 백신을 가장 먼저 맞았기 때문에, 엄마께서는 백신의 부작용이나 후기에 대해서 잘 알지 못한 채로 맞게 되었다. 백신을 먼저 맞는 다른 나라에서 들려오는 부작용 기사에 너무나도 가슴이 떨렸다. 혹시라도 만약에 그 적은 확률을 뚫고 엄마께 백신의 부작용이 찾아오면 어쩌지? 하고 걱정에 잠이 오지 않았다. 그렇게 백신 접종을 한 엄마께서는 며칠을 정말 힘들어하셨다. 주사 맞은 팔을 잘 들지도 못하셨고, 몸살 기운까지 왔다. 아무리 백신 때문이라지만, 엄마가 아프신 걸 보니 마음이 아팠다. 아픈 엄마께서는 젖 먹던 힘까지 내며 그래도 출근하셨다. 수간호사로서 자리를 비울 수 없었고, 부족한 코로나19 간호사들 사이에서 쉴 수 없으셨기에 출근하셨다. 아파도 출근하시는 엄마가 참으로 대단하면서도 안타까웠다. 내가 할 수 있는 일은 그저, 엄마를 대신해서 집안일을 하고 엄마가 퇴근하시면 열심히 간호하는 일, 그리고 기도였다. 엄마께 심각한 백신 부작용이 찾아오지 않기를 기도했다. 그리고 백신이 꼭 엄마께 코로나19 의료진으로서 코로나19를 이기는 힘을 주기를 기도했다. 다행히도, 엄마께서는 잘 이겨내셨고 지금도 멋지게 코로나19병동에서 근무 중이시다.

이처럼 나는 방호복을 입고 코로나19와 싸우고 있는 천사와 함께 살고 있다. 전국에 계신 모든 코로나19 의료진분들도 엄마와 같은 천사라고 생각한다. 모든 코로나19 의료진분들의 그 숭고한 헌신과 희생은 천사라고 해도 과언이 아닐 것이다. 코로나19 의료진분들을 위해서라도 하루빨리, 예전과 같은 일상과 나날이 돌아오기를 간절히 기도하며 글을 이만 마친다.

(그리고 사랑하는 우리 엄마! 간호사이신 엄마를 존경하고 엄마이신 엄마를 존경합니다. 항상 존경하고 사랑합니다. 오래오래 건강해 주세요.)

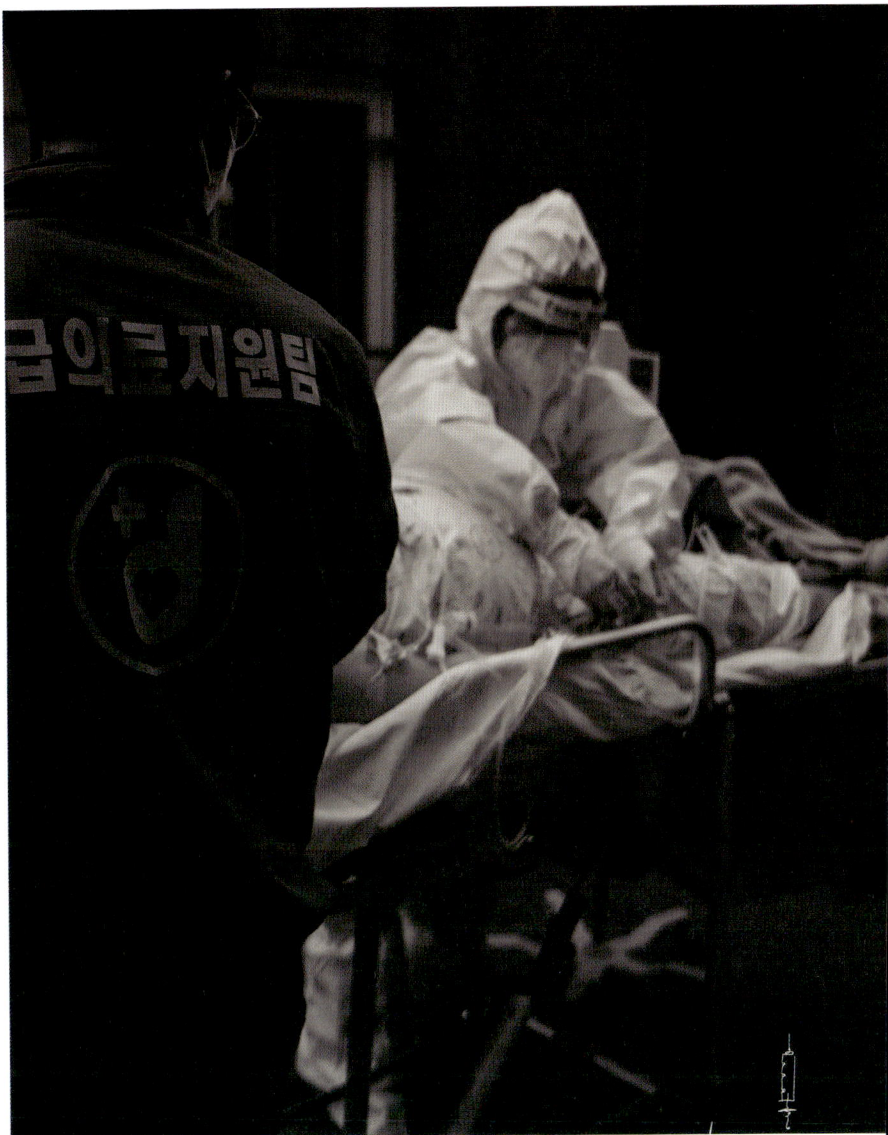

이아원 | LSK Global PS

#The_front_view_of_Pandemic

나의 오늘이 당신의 마지막이었음을

정도건 | 경북대학교병원

첫 파견일의 쿵쾅거렸던 가슴과 보호복 속의 정적, 격리병동 복도의 이질적인 공기의 감각이 지금도 조용히 온몸을 감싼다. 대구 코로나19 확진자가 연일 늘어나던 일요일 그날, 급하게 중간 관리자 회의가 진행되었고 2월 23일 나의 코로나19병동 파견이 결정되었다. 뉴스에서 대구 확진자 확산이 심상치 않음을 알리던 때, 이미 하루에도 수차례 전화로 걱정을 하시던 어머니께는 차마 파견 간다는 사실을 말할 수 없었다. 아버지께만 조용히 파견 간다고 전했고 아버지의 격려가 아직도 귀에 선명하다.

"아들 보호복 입으면 괜찮지? 걱정되지만 자랑스럽다! 엄마는 걱정하지 말고 조심해서 다녀와."

아버지께는 괜찮다 했지만 정신없이 돌아가는 코로나19병동에

첫발을 들이는 순간 긴장되는 눈동자를 숨길 수 없었다. 38일. 누군가에겐 짧고 소중한 시간, 그 기간 동안 간호했던 수많은 환자들 사이 당신의 마지막을 함께 했던 그 시간의 이야기를 하려고 한다.

2020년 2월 24일

투명한 벽 속엔 새하얀 보호복을 입고 분주히 다니는 간호사들, 중앙 스테이션에는 전화기가 불이 나도록 전화 중인 책임간호사 선생님과 수간호사 선생님. 짧은 첫인사를 마치고 코로나19 격리병동에서의 첫 근무가 시작되었다. 근무가 시작되자마자 영문도 모른 채 보고 따라 입으라는 선생님의 말을 따라 난생처음 입어보는 레벨D 보호복을 하나하나 입어봤지만 마음처럼 되지 않았다. 우여곡절 끝에 보호복을 입자 함께 들어가기로 한 간호사 선생님이 말했다.

"문 열게요!"

격리구역 문이 닫히자 고요하다 못해 정적이 흐르는 귓속엔 쿵쾅거리는 심장소리와 보호복의 바스락거리는 소리만 가득했다. 처음 입어보는 보호복에 진땀 났던 몸에는 알 수 없는 차갑고 이질적인 공기가 느껴졌다. 파견이 시작되었던 시점에 신천지 관련 코로나19 확진자와 청도대남병원 확진자가 동시에 병원에 몰려들었고, 그중 청도대남병원 확진자의 경우 정신질환을 앓고 있어 간호가 매우 힘들었다. 생명 유지를 위해 필수적인 산소공급장치와 주사를 연신 뽑고 있었고, 절대안정이 필요한 상태에도 가만히 있지 못했다. 그리고 그 결과는 매우 좋지 않았다.

처음 들어섰던 격리병동에서 나의 첫 업무는 그러한 코로나19 감염 환자의 임종 후 간호와 병실청소였다. 일반 환자와 달리 코로나19 감염 환자의 경우 사망 후에도 바이러스 확산을 막기 위해 절차가 굉장히 복잡했다. 당시 지침이 있었지만 시시각각 지침이 수정되고 있던 터라, 전화로 하나하나 확인해 가며 임종을 맞이한 환자의 입관을 도왔다. 일반 병동이었다면 30분 정도면 충분한 임종 후 과정이, 익숙하지 않은 보호복을 입고 전화로 하나하나 확인해 가며 진행하다 보니 2시간이 넘게 걸렸다. 숨이 차오르고 감염 확산 방지를 위한 지침을 따르다 보니 마음 아픈 과정도 너무 많았다.

무거운 마음으로 고인을 보내드리고 나니 간호사의 업무는 그것으로 끝이 아니었다. 지금은 격리병동 청소업무를 담당하시는 여사님들이 계시지만 당시 병실 청소 또한 간호사의 업무였다. 청소도구와 소독약을 가지고 병실 곳곳에 소독약을 뿌리고 빠진 부분이 없도록 깨끗이 닦기 시작했다. 청소를 마치고 새로운 침대보와 이불을 깔고 나니 2시간 전만 해도 생사의 기로에서 살기 위해 힘쓰고 있었을 당신의 모습이 아른거렸다. 집에 돌아와서도 호흡이 답답하고 무거운 마음을 떨쳐낼 수 없었다. 다른 병원에서 코로나19 환자를 간호하고 있는 친구들에게 전화로 안부를 묻고 서로의 안전을 격려하며 잠시나마 답답하고 무거운 마음을 잊어보려 노력하며 잠들었다.

2020년 3월 1일

그날따라 환자분들을 다른 병실로 옮기는 전실이 유독 많았다. 2시간 가까이 이방 저방을 다니며 환자분들을 전실하고 나가기 전 담당 병실을 살펴보던 중, 병실 안으로 들어서자 반쯤 켜둔 형광등이 유독 흐릿해 보였다. 모니터에는 심박수를 나타내는 초록 숫자가 50대에서 점차 그 수가 줄어들고 있었다. 순간 병실의 공기가 굳은 것 같았고, 가슴은 쿵 하고 내려앉았다. 딸깍거리는 소리를 내며 간호사실을 호출했다.

"환자분 심박수가 떨어지고 있습니다."

시각은 어중간하게도 야간 근무 30분 전. 야간 근무자들이 출근하자마자 임종 간호를 하게 하고 싶지 않았다. 가족도 친구도 없는 고요한 병실 안에서 외롭게 이 세상을 홀로 떠나게 두고 싶지도 않았다. 환자 침대 옆에 서서 조심스럽게 손을 잡고 조용히 임종을 기다렸다. 생명이 꺼져가는 손은 온기를 잃어가고 점점 뻣뻣해져 갔다. 이내 모니터의 심장리듬은 애석하게도 평평하게 일자로 흘러갔고, 당직의는 선고를 내렸다. 고인이 된 당신과 주변을 한창 정리 중이던 그때, 언제까지나 린넨실 가장 높은 곳에 얹혀있을 것만 같았던 익숙한 수의박스가 들어왔다.

간혹 환자의 상태가 심각하여 회복할 가능성이 없을 때, 가족의 의사결정에 따라 근엄하고 편안하게 임종을 맞이하는 경우가 있다. 거기에 코로나19 감염 환자의 경우 임종 후에 가족이 고인을 다시 만날 수 없고 장례 중에 이루어지는 염 또한 할 수 없다.

때문에 임종이 예상되는 환자의 가족들이 간호사실로 수의를 보내는 경우가 왕왕 있다.

고운 수의를 꺼내 수의 착장하는 방법조차 모르지만 고인 가족들의 마음을 생각하며 하나하나 착장했다. 곱게 수의를 입은 고인을 입관하고 시계를 보니 보호복을 입고 4시간 가까이 흘러있었다. 머리가 어지럽고 몸은 무겁고 축축했다. 숙소에서 깨끗이 씻고 누워 오늘을 다시 되짚어 보았다. 가슴 아프지만 가족들이 고인의 마지막 가는 길을 위해 준비한 마음과 정성을 대신 전해준 것만 같아 마음 한편이 뿌듯했다.

2020년 3월 12일

어느 날, 간호사실로 급하게 전화가 왔다. 병실에 계신 아버지께 연락이 되지 않는다는 전화였다. 보호복을 입고 분주히 당신이 있던 병실로 향했다. 전화기는 힘차게 울고 있었지만 어찌 된 것인지 전화가 울려도 당신은 멍하니 천정을 바라만 보고 있었다.

"아버님 전화 왔어요!"

"전화가 왔다고?"

전화기를 들어 큰따님에게 전화를 걸었다. 아버지께서 잘 계신다는 말과 함께 수화기를 들고 있을 테니 전하실 말을 하라고 했다.

"아빠 밥은 잘 먹고 있어? 많이 먹고 나아서 빨리 아빠 손녀 보러 나와야지!"

울먹이며 떨리는 목소리로 아버지가 들을 수 있게 힘껏 이야기 하셨다. 하지만 아버지께선 멀뚱히 휴대폰 화면을 들여다볼 뿐 아무 말도 하지 않으셨다.

"아버님 따님이 들으실 수 있게 크게 '응!'이라고 해주세요!"

몇 번의 설득 끝에 겨우 들릴 정도로 "응…"이라고 대답하였다. 안타깝게도 따님께서는 듣지 못했고 대답 또한 대신 전해드려야 했다.

"아버님께서 '응!'이라고 대답하셨어요!"

"네, 감사합니다! 아빠 치료 잘 받고 힘내야 돼!"

감사하다는 인사와 함께 동생에게도 전화를 걸어달라고 부탁하셨고 그렇게 사남매에게 전화를 걸어 한 분 한 분 아버지의 작은 대답을 전해드렸다. 그리고 다음날 출근해서 환자 명단을 살펴보는데 검게 쓰여 있던 당신의 이름이 하얗게 지워지고 없었다. 사남매와 힘겹게 전화를 나누었던 어제가 당신의 마지막이었던 것이다. 좋은 상태는 아니었지만, 새벽에 급격하게 상태가 나빠졌다고 한다.

큰 따님께서 감사인사를 위해 먼 길을 오셨다.

"어제 전화 연결해 주신 선생님이 어느 분이시죠?"

눈물 가득 고인 눈으로 선생님이 아니었다면 아버지를 마지막 인사도 없이 보내드렸을 거라고 감사하다고 하셨다. 무슨 말을 드려야 할지 몰라 연신 "아닙니다"라고만 했다. 땀 흘리며 한 손에 전화기를 꼭 쥐고 당신이 조금이라도 잘 들을 수 있게 귀 옆에 들고 있었던 시간이 가족들에게 얼마나 소중한 시간이었을지 생각하니 울컥했다.

2020년 4월 1일

대구의 상황이 점차 나아지고 파견 인력 또한 점차 복귀하게 되었다. 따끔하게 코로나19 검사를 마치고 결과를 보며 아직도 파견에 대해 모르고 있는 어머니에게 전화를 걸었다.

"엄마 나 사실 코로나 병동에 파견 나와 있었다? 엄마 걱정할까봐 말 안 했어......"

"야!!"

외마디 말과 함께 수화기 넘어 어머니의 울음소리가 들렸다.

"이제 끝났어~ 오늘 검사했는데 음성이래!"

울음소리가 점차 작아졌고 그 뒤로는 한참을 혼났다. 앞으로 이런 일이 있으면 꼭 말하라고 했지만 다시 이런 상황이 닥치면 말 못 할 것이다. 힘든 시간을 이겨낼 수 있었던 건 함께 일했던 동료, 선후배 간호사들의 말 한마디였다.

"더웠지? 고생했어!"

격리실에서 한참을 있다보면 몸은 젖고 얼굴은 보호구에 눌려 거울 속에 내 모습이 안타까워 보였지만, 출구 앞에서 나오는 간호사들을 격려하며 음료를 전해주는 동료 간호사를 보면 힘듦이 싹 가시는 것 같았다. 또 의료진들을 위해 소정의 음식과 물품을 지원해 주신 여러분들의 도움으로 파견 기간동안 잘 챙겨 먹고

땀 흘리며 한 손에 전화기를
꼭 쥐고 당신이 조금이라도
잘 들을 수 있게 귀 옆에 들고
있었던 시간이 가족들에게
얼마나 소중한 시간이었을지
생각하니 울컥했다

버틸 수 있었다. 지금도 확진자의 수는 늘고 있고 수많은 의료진들은 코로나19와 싸우고 있다.

의료진들의 노력과 백신 접종, 국민들의 응원과 방역 동참을 통해 코로나19 이전의 즐겁고 행복했던 일상을 빠르게 되찾을 수 있다고 믿어 의심치 않는다.

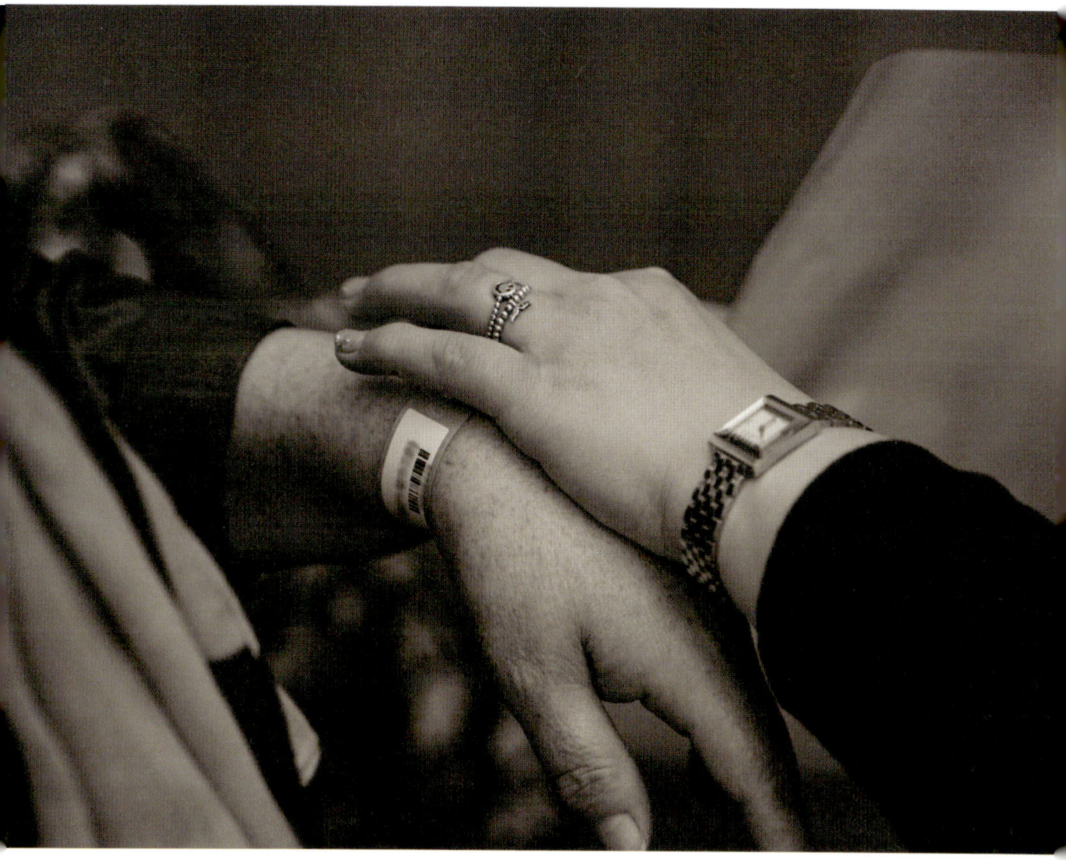

이아원 | LSK Global PS

#The_front_view_of_Pandemic

선별진료소에서 2년을

조영숙 | 한림대동탄성심병원

어떨결에 방호복

너무나 생소했던, 아니 저 편 어느 딴 세상에서 나돌던 '우한 발 코로나19'라는 말을 처음 접한 것은 2020년 1월 설날 고향인 대구에서 TV의 뉴스를 통해서였다. 그것이 최종 확진 환자만 5,214명이나 되는 소위 '1차 대유행'이라는 극적 대서사시의 서막이 될 줄이야……

이튿날 어수선한 마음으로 연휴를 보내고, '설마한들 여기까지는 아니겠지……' 반신반의(半信半疑) 하면서 출근했는데, '아니, 이게 무슨 일이야. 여기 동탄의 병원(한림대병원)까지?!'

아무런 준비도 없이 어떨 결에 시작한 선별진료소 지원이 이제는 간호 유니폼보다 방호복이 나의 정복이 되어 버린 선별진료소에서, 몇 달이면 끝이 나겠지 했던 바람이 벌써 2년이 다 되어 지금까지 조금도 흔들림 없이 계속되고 있다.

왜 하필이면 대구야?!

어느 날부터인가 TV만 틀면 내 얘기, 내 고향 대구 얘기를 하고 있었다. 시청자가 아닌 당사자가 되자 그 현장이 주는 긴장감은 이루 말할 수가 없었다. 코로나19가 대구발이라는 뉴스로 내 가족이 살고 있는 고향이 초토화되어 버렸기 때문이다. 대구가 금방이라도 모두 죽어가는 듯한, 죽음의 땅인 듯 몰아가는 절박한 뉴스 앞에서 '왜 하필 대구야!?', '아니, 대구 사람들 뭐 이 모양들이야?', '대구발 코로나19' 등 대구 사람에 대한 '묻지 마' 편견과, 전에 느끼지 못했던 두려움으로 다가오는 그 긴장감은 참으로 오랫동안 나를 힘들게 했고 가슴 저리게 했다.

그 회오리의 중심에 홀로 서 계신 어머니를 향한 안절부절못하던 세월도 함께 시작되었다. 국가 유공자인 아버님을 먼저 보내고 홀로된 어머님을 향한 애잔한 마음이야 뭐 다를 것이 있을까마는, 고향에는 유방암 수술로 면역이 약한 무방비 상태의 어머니가 위태롭게 서 계셨다.

선별진료소에 매달려 있는 나에게 어머님은 오히려 당신 자신의 감염이 아닌 딸 걱정이 앞섰고, 시도 때도 없이 핸드폰으로 나의 안부만을 물으셨다. 어머니의 그 안타까움 앞에서 나는 어쩌지 못하고 있을 뿐이었다. 그러나, 때로는 문득문득 '혹시나' 하는 불안함에서 어머니의 목소리(전화 속의)에 어떤 작은 변화라도 감지할 수 있지 않을까 하는 기대감으로 계속된 내 전화에 대해 어머니는 "나는 괜찮다. 그만 전화해도 된다, 동사무소에서 마스크 2장을 대문에 걸어 두었더라" 하시면서 "병원이 더 위험하다"라고 오히려 딸 걱정만 하셨다. 그런 어머니의 젖은 목소리는 지금도 되돌아보면 가슴 먹먹한 울림으로 다가선다.

다행히도 지금은 코로나19 백신 접종을 2차까지 무사히 맞으시고 큰 부작용 없이 코로나19를 잘 견디고 계시는 어머니께 감사드린다.

혹시 그 환자분이 확진?

병동은 부서원이 지키고 선별진료소는 그래도 경력이 있는 부서장이 도맡아 사수한 지 사계절이 벌써 지났고, 또 한 사이클의 후반부에 들어섰다. 최고로 춥다는 영하의 날씨에도 선별진료소는 여전히 북새통이다.

방호복 속에 겨울옷 중 가장 두꺼운 패딩을 입고, 보안경 속은 온통 성에로 가득 차서 앞이 보이 않으면 그냥 휴지를 넣어 순간 쓱쓱 닦아낸다. 뉴스에 따라 검사자의 변수가 많아 '오늘은 얼마나 오실까?' 카운트다운 하면서 하얀 눈사람(방호복)은 여전히 쉬지 않고 굴러간다.

날씨가 너무 춥다 보니 기다리는 환자분들을 위해 난로를 피우고 컨테이너 부스를 마련했지만 그 안은 아무 주인이 없는 듯 텅텅 비어 있다. 주위만 뱅뱅 맴돌면서 서로를 경계하듯, 지나칠 정도로 사회적 거리를 잘 지키면서 남녀노소 구분 없이 두 손 호호 불면서 자신의 이름이 불리기만 하염없이 기다린다.

디지털 약자인 노인 환자가 오시면 바짝 귀에다 대고 접수 설명을 하지만 마스크로 가려져서 잘 들리지 않는다고 하여 순간적으로 좀 더 가까이 다가가서 큰소리로 안내를 반복하다 보면 어느새 목소리가 쉬어 정상의 목소리를 잃게 되고, 감염의 가능성에 대한 의구심이 증폭된다. 선별소진료소에서 진료를 마친 오후, 오늘 양성자 몇 명 나왔다는 문자를 받을 때면 '혹시 귀 가까이 대고 얘기한 그 어르신!?', '설마 아니겠지' 하며 스스로 그때 순간 필름을 되돌려 나의 밀착 거리를 계수해 본다. '오늘도 무사히…' 하면서 선별진료소의 하루를 또 그렇게 보냈다.

"내가 왜 이 극한 직업을……"

영하로 뚝 떨어진 겨울 날씨였지만 참 진땀 나는 어느 날로 기억된다. 119구조대에 실려온 정신과 질환 환자가 고열을 보여 코로나19 검사를 하려는데, 환자 입장에서는 강제로 끌려왔다고 생각됐는지 "코로나19에 걸리지도 않았는데 왜 검사를 하느냐"라며 고래고래 소리 지르면서 선별진료소 앞에 아예 드러누웠다. 마스크는 흔적도 없이 그야말로 나뒹굴었고 아무에게나 달려들어 억울함 호소했다. 그 억세고 힘센 여자 환자를 제어하다가 119구조

대원의 방호복은 다 찢어졌다. 함께 제어하던 나에게도 무작정 삿대질하면서 안경을 낚아채고 침을 튀기면서 온갖 욕을 퍼부었을 때, 밀려오는 두려움과 무방비한 상태로 노출되었다는 극도의 불안감이 들었다. 이러다 내가 진짜 감염이라도 된다면… 참 아찔한 순간이었다.

환자는 진정되었지만 '나의 직업이 참으로 극한 직업이구나'를 새삼 느꼈고 그때 처음으로 내가 선택한 직업이 후회됐다. 환자의 입장에선 '내가 왜 코로나 검사를', 간호사인 내 입장에서는 '내가 왜 이 극한 직업을' 하는 생각을 멈출 수가 없었다.

병동이 뚫리면...

1도 변화 없는 코로나19 지뢰밭 선별진료소에서, 그 무더운 코로나19 해변에서 '코캉스'를 보내고 가을이 왔다. 사회적 거리두기, 비대면? 그게 도대체 무슨 생경한 말이었던가!

진작에 의사들은 선별진료소에서 수많은 환자들을 무작위로 직접 대면하다 보니 감염 우려가 커지면서, 의료진 중 한 사람이라도 감염에서 벗어나기 위한 한 방법으로 원격진료라는 비대면으로 사라졌다. 뒤이어 남겨진 간호사는 필연적으로 감염거리 내에서 코로나19와 맞서야 했고, 결국엔 환자와 의사 사이를 비집고 들어서야 하는 간호사 위상은 더욱더 위태로워졌다. 더구나, 백신이 개발되기 전에는 생사를 건 전쟁이었다.

겨울의 긴장이 풀려서인지 환절기라서인지, 부서원의 작은 코맹맹이 소리 하나에도 부서장으로서 온통 신경이 곤두서 있었다. “열이 나요”, “목이 아파요”, “설사해요” 등 자잘하고 다양한 증상들을 호소할 때면 코로나19와 연관 지어 생각할 수밖에 없었다. ‘단순한, 흔한 감기 정도였으면 좋겠다’라는 작은 바람으로 감염관리실의 지시에 따라 코로나19 검사를 하도록 하고, 근무를 하다가도 서둘러 귀가를 시키다 보면 병동은 갑자기 생긴 결원으로 아수라장이 된다. 초조하게 검사 결과를 기다리다 ‘음성’이라는 문자에 안도감으로 하루를 보낸 적이 몇 번이었던지……

병원이 뚫렸다는 뉴스와 인근 병원의 좋지 않은 소식을 접할 때 마다 ‘제발 우리 병동에서는 절대로 안 돼! 안 돼!’라는 생각이 늘 마음 한켠에 자리 잡고 있다 보니 코로나19가 가져다준 또 다른 마음의 병이 생긴 듯하였다.

백신접종이 시작되고…

한국에서 코로나19 백신이 개발될 것이라는 기대감이 팽배한 가운데 드디어 유럽에서 초스피드로 코로나19 백신이 개발되어 접종을 한다는 반가우면서도 반갑지 않은 뉴스가 나왔다. 한국에서 개발될 것이라는 기대는 사라졌지만, ‘어찌 됐든 그래도 이제는 이 지긋지긋한 마스크와 방호복을 벗을 수 있겠다’라는 기대와 더불어 ‘이 어처구니없는 코로나19는 끝이 나겠지……’ 하는 기대 속에서 백신을 기다렸다.

백신접종 첫날, 백신에 대한 '우려'가 여기저기 보도되었지만, 의료종사자의 책임자로서 소임을 다 하고, 선별진료소 체험을 통해 생긴 불안과 두려움의 기억으로 인해 하루빨리 백신접종을 하고 싶었다. 나는 매스컴에서의 모든 백신에 대한 부정적인 말들을 뒤로 한 채, 첫날 과감히 백신접종을 했다.

약간의 몸살 기운은 있었지만 코로나19 항체가 생겨 마스크로부터 자유로운 세상을 상상하니 몸살이 오히려 위로를 주면서 뿌듯하고 안심이 되었다. 기분 좋은 고통이 라더니……

"백신 안 맞을래요"

그런데 접종하기 시작하면서 전혀 예상치 못한 상황이 벌어졌다. 백신 부작용에 대한 논란이 일어난 가운데, 백신 부작용으로 척수염이 생긴다는 한 부서원의 말에 두려움을 느낀 나머지 꽤 많은 수의 부서원들이 "백신 안 맞을래요"라며 접종을 거부한 것이다. 접종 거부에 대한 도미노 현상이 이어졌다.

이들의 백신접종 거부를 설득하여 동의를 얻는 것도 또 다른 어려움이었지만 부서장으로서 부서원들에게 내심 섭섭한 마음이 들었다. '의료종사자로서 사명감도 있는데, 근거도 없는 뜬소문 수준의 말로 너무 이기적인 것이 아닌가!', '부서원들은 조금이라도 의심스러운 증상에 민감해 하는데, 그럴 때마다 가슴 졸인 부서장인 나는 뭔가?' 하는 생각과 더불어 그들을 이해시키지 못하는 나 자신의 무능력함에 대해 자책을 느꼈다.

그러나 백신접종은 강제성이 아니고 무엇보다 본인의 동의가 있어야 하기 때문에 설득하고 이해시켰고, 먼저 맞은 동료들로부터 부작용이 크지 않다는 사실이 확인되면서 우여곡절 끝에 모두 2차 접종까지 순조롭게 마쳤다.

어느 날 코로나19 양성자와 접촉한 한 부서원이 보건소로부터 격리 통보를 받고 14일간 격리를 했다. 출근 후 '코로나19가 너무도 가까이 도사리고 있구나'라는 것을 느꼈다며 "나에게도 이런 일이 생길 줄 정말 몰랐다"라는 그의 고백 아닌 고백이 부서원들이 백신을 맞는 촉진제가 되기도 했다.

또 다른 시련, 델타 바이러스

지난 2년여의 고통스럽고 힘든 과정을 거치면서, 의사와 환자 사이의 공간을 메워온 우리 간호사들은 코로나19 환난의 최전선에 서서 감염 가능성에 있는 그대로 노출되면서도, 그 현장에서 이탈하지 않고 자기 자리를 지켜 왔다.

반창고투성이의 꽃다운 얼굴들, 오랜 장갑 착용으로 표피 없는 손바닥의 상처들, 하얀 눈사람 방호복 하나에 모든 것을 의지한 채 수시로 눈앞을 가리는 입김 어린 보안경에 시달리고, 확진자 발표 때마다 긴장과 안도가 교차하는 선별진료소 생활까지... 그 속에서, 통계에 의하면 전체 의료인 감염자의 74%가 간호사임에도, 우리는 결코 위축됨 없이 우리를 지켰고, 끝내는 철통 방어를 이뤄내며 '최강의 전사(戰士)'들로 세계무대에 등장했다. 나아가 우리는 전 세계에 'K-방역'이라는 신조어를 창출하였으며 세계 코로나19 방역의 표준형으로 인정받고 선택됐다. 우리의 고통은 자존감으로 변하여 갔다.

지극한 직업

립스틱 짙게 바르고 이제는 정말 일상으로 돌아가고 싶었던 소망 앞에 이것은 또 무어란 말인가! 이제금 경각심이 느슨해지고 지쳐있는 우리 앞에 다시 또 변종 델타 바이러스의 먹구름이 밀려오고 있으니... 이제금 다시 뒤따라올 천둥·번개와 소낙비... 우리는 다가올 새로운 전투를 위해 '절제된 빨리빨리'로 무장하고, 잘 정비된 비옷을 예비하여야 하지 않겠는가?

우리가 코로나19를 이겨내면서 세계 최강의 방어망을 통하여 국가의 품격을 한 단계 올려놓았듯이, 겨울이 아무리 추워도 어김없이 봄은 오듯이, 다가오는 델타 바이러스의 시련도 이겨냄으로써 필연적으로 대응하는 대가가 주어질 것이다. 그 대가가 무엇이 될 것인가?! 우리는 태풍 전의 고요에 마주하고 있다.

그야말로 선별진료소는 무기 없는 전쟁터와 같다. 환자에게 언제 감염될지도 모르는 코로나19 선별진료소 현장을 이탈하지 않고 묵묵히 자리를 지키면서 하얀 눈사람처럼 보이는 방호복 한 벌과 수증기로 인해 수시로 눈앞을 가리는 보안경 하나에 의지한 채

방어망이 뚫리지 않도록 전력을 다하는 동료 간호사의 떨리는 눈동자를 지켜봐야 했고, 연이어 발표되는 확진자 발표에 긴장과 안도가 교차되는 상황에서도 선별진료소 생활을 이어가며 우리는 우리를 서로가 지켜냈다. 이처럼 철통방어를 지키고자 안간힘을 쓰는 전국의 간호사들을 생각하면 간호사는 극한직업이 아닌 지극한 직업이 아닐까?!...

국가적 품격(國格)

한 나라의 국가적 위상이나 품격은 국가 구성원 하나하나의 의식 수준이나 정신적 수준이 쌓여서 형성된다. 우리는 선별진료소에서 코로나19와 혈투를 벌여 끝내는 방어를 했고, 우리들의 체계적이고 일치된 방어를 통해 국가 방어망이 구성되었고, 그 방어망은 다시 국제적 표준형으로 자리매김했다. 결국은 국가의 품격은 국민 개개인에게서 비롯됨을 스스로 체험했다. 아울러 우리는 이번의 코로나19 환난으로 세계는 서로 열려 있음을 보았고 하나의 신경망으로 연결된 회로처럼 서로 가까운 거리에서 연결되어 있음을 보았다. 실제로 코로나19는 중국의 우한에서 발견된 이후 삽시간에 국경을 허물고 세계의 전 영역에 동시다발적으로 확산됐다. 그러면서 원하든, 원치 않든 각국의 의료체계와 환난에 대한 방어 체계, 정부 시책에 대한 국민의 자발적 참여 등 국가의 의식 수준이 투영된 소위 '국가의 품격'이 코로나19를 통하여 백일하에 노출되었다.

우리는 이 코로나19의 확산을 통하여 우리의 국가적 품격의 수준을 확인할 수 있었고, 이와 더불어 그것을 상승시켜 갈 수 있는 자신감과 탄력을 얻게 되었다. 따라서 코로나19는 역설적으로, 어찌 보면 우리에게 고마운 존재일 수도 있다.

코로나19는 우리 민족에게 물질적인 국가 브랜드와 함께 정신적인 국가의 품격 사이에 균형을 이루게 할 좋은 기회를 주었다. 그리하여 이제는 우리 민족의 정신적 토양인 홍익(弘益)의 정신을 살려 좀 더 진보된 국민적 정신 질서를 구축하여 경제적 선도국만이 아니라 세계정신사에서도 우리 민족이 그 전면에 서서 선도적(先導的) 역할을 할 때가 왔음을 느꼈다.

이아원 | LSK Global PS

#The_front_view_of_Pandemic

사상 초유의 감염병 위기,
그 앞에 간호사로 일어선 우리

조현아 | 광주광역시 북구보건소

2020년 3월 보건소 간호사가 된 지 10년 차, 나는 코로나19 총괄 담당자가 되었고, 2021년 3월 휴직자가 되었습니다. 나, 그리고 우리 동료들의 치열했던 지난 1년을 기록해 보려고 합니다. 책임감, 전우애, 사명감... 그 어떤 단어로도 설명할 수 없는 1년을......

이 지독한 코로나19가 오기 전, 보건소 감염병 대응 역량이 이 정도로 필요할 거라고 그 누가 상상이나 했을까요. 그렇듯 겁도 없이 감염병 담당자 2명이서 맞닥뜨린 코로나19였습니다. 전에 본 적 없는 무시무시한 놈을 만나 사력을 다해 달려들었고, 정말 용감하도 열심히 했습니다.

우린 간호사이자 공무원입니다. 의료인으로서 환자를 검사하고 보살폈고, 공직자로서 상황을 통제하고 보고하였습니다. 1인 10역쯤 됐을까요?

선별진료소에선 검사자, 역학조사 시에는 역학조사관·현장조사관, 앰뷸런스 안에서는 이송자, 사무실에서는 콜센터요원·모니터링요원, 그리고 공무원으로서 행정담당자 등등, 상상할 수 없는 업무량이지만 사상 초유의 감염병 위기 앞에서 스스로 단련하며 강해진 우리였습니다.

"그래, 우린 간호사였어!"

보건소에서 근무한 지 10년, 어쩌면 간호사라기보다 공무원이라고 생각했습니다. 그런데 지난 1년 동안 나는 우리가 간호사였기 때문에 그 자리를 버티고 있을 수 있었다고 생각합니다.

지난 1년, 나는 누구의 엄마도 아내도 딸도 아닌 그저 간호사였습니다. 한 달 초과시간은 보통 200시간, 많은 달에는 250시간을 넘기기도 했습니다. 집에 가지 못한는 날, 잠들지 못한 날, 밥 먹지 못하는 날이 늘어만 갔습니다. 화장실 갈 시간도, 양치할 시간도 없었습니다. 퇴근은 보통 새벽 2~3시에 했고, 응급상황에 대비한 24시간 전화 대기로 새벽에도 맘 편히 잠을 자본 적이 없었습니다. 늦은 밤 갑작스러운 양성 결과에 택시를 타고 달려간 적은 또 몇 번이었는지요. 민원인이나 격리자 뿐만 아니라 병원, 경찰서, 소방서, 학교 등등 여기저기서 걸려오는 끊임없는 전화에

한 쪽 어깨는 주저앉고, 계속되는 타자와 핸드폰 업무로 손목과 팔은 물컵 하나 들 수 없을 정도로 약화되어 파스와 진통제 없이는 근무가 불가능했습니다.

사무실은 흡사 전쟁터와 같습니다. 한쪽에선 갑작스러운 소식에 놀란 확진자를 위로해 가며 역학조사를 하고, 한쪽에선 자가격리에 불응하는 사람들에게 그 어느 때보다 엄격하게 엄포를 놓으며 격리를 통보하고, 다른 쪽에선 분노로 가득한 민원인 전화에 매달려 전전긍긍합니다. 자가격리를 시키면 자살을 하겠다는 사람, 결혼식이 있다는 사람, 큰 계약이 있다며 손해를 책임질 거냐고 묻는 사람… 가지각색의 사정들로 격리통보 하는 입장도 힘든 건 마찬가지라 전화를 끊고 옥상에 올라가 혼자 조용히 눈물을 삼켰습니다. 역학조사에 협조하지 않는 점주들, 거짓 진술하는 확진자, 불안감으로 확진자의 개인정보 공개를 요청하는 민원인들… 여기저기 전화 통화 소리에 이명이 생길 지경이었습니다.

타지역보다 취약한 환경 탓인지 집단감염이 유독 많았고, 초기 확진자 수도 월등했습니다. 코로나19 상황이 악화될수록 불안감은 커지고, 민원인들 응대하기도 더욱 힘겨워졌습니다. 아직도 잊혀지지 않는 한 통의 전화가 있습니다.

"대체 공무원들은 뭐 하는 겁니까? 코로나 더 퍼질 때까지 앉아서 기다리고 있는 겁니까?!"

하루 30명이 넘는 확진자가 나와서 눈물로 검사 결과를 받아 적고, 이틀째 밤을 새우며 간신히 버티고 있을 때 불안과 불만으로

나는 누구의 엄마도 아내도 딸도 아닌

그저 간호사였습니다

가득 차 원성 높게 걸려온 전화입니다. '나는 이렇게 열심히 사투를 벌이고 있는데, 정말 알아주지 않는구나...' 그런 전화들은 시간이 갈수록 늘어만 갔고, 교대 없는 24시간 근무 아래 마음과 몸이 쓰러져 갔지만, 함께하는 동료들이 있었기에 포기할 수 없었습니다. 내가 아니면 누구든 해야 하는 일이었습니다. 내가 힘들다고 포기하면 동료 누군가가 또 더 무거운 고통을 겪어야 했기에, 그 사명감과 동료애로 버텼습니다.

의료인으로서 보람을 느낀 순간도 많았습니다. 한여름 선별진료소에서 1시간만 방호복을 입고 있어도 땀이 시야를 가려 앞이 보이질 않습니다. 페이스쉴드에 서린 땀을 닦아내며 한 명 한 명 검사를 하고 있을 때, 5~6살로 보이는 꼬맹이가 불안해하며 검사 의자에 앉았습니다. 참 신기하게 훈련이라도 받은 것처럼 환자를 보면 자동으로 미소로 마주합니다. 환하게 웃으며 무서워하는 아이를 달래 검사를 무사히 마치자 그 아이가 배꼽 손을 모아 감사 인사를 하고 돌아갔습니다. 여기저기서 초등학생들이 응원 편지도 많이 보내주었습니다. 광주가 아닌 먼 시골 마을인데도 광주 북구가 확진자가 많아 고생할 거 같다며 전교생 열댓 명이 코 묻은 간식과 편지를 보내준 일도 있었습니다. 이렇게 꼬마 어린이들에게서 받은 많은 위로와 응원들이, 집에 있는 아이들을 살피지 못해 미안한 제 마음을 다독여 주었습니다.

지난 1년 동안 코로나19 총괄 담당자로 일하면서 동료들, 가족들에게 감사한 일이 너무나 많습니다.

코로나19는 계속 극성을 부리고 감염병팀 기존 직원들은 번아웃되어 갈 때, 타과에 있던 간호직 후배들에게 함께해 주지 않겠냐고 손을 내밀었습니다. 불꽃 속으로 뛰어들어달라고 한 셈이죠. 이미 타과에서도 자가격리자 관리나 선별진료소 검사 등으로 충분히 많은 업무를 함께하고 있어서 많이 지쳐있을 때였지만, 후배는 고개를 끄덕여 주었습니다. 그렇게 자발적으로 코로나19 속으로 들어와 저와 함께 무거운 책임감을 나눠 가지고 버텨주었습니다. 너무 어려울 때 어려운 부탁을 들어준 그 후배를 잊지 못할 것 같습니다.

집에서 오랜만에 첫째 아이를 만난 어느 날이었습니다. 악화된 코로나19 상황으로 전체 학교가 휴교했지만, 할 수 없이 긴급돌봄교실에 계속 등교했던 초등학교 2학년 첫째가 "엄마, 친구들이 아무도 안 와서 심심해, 그냥 집에 있으면 안 돼?" 이렇게 물었습니다.

미안함에 눈물이 쏟아져 나올 거 같았지만, 큰 바위로 가슴을 누르듯 꾹 참고 "집에 혼자 있으면 위험하니깐, 돌봄교실 가서 책도 읽고 색칠공부하고 와... 엄마는 코로나19 물리치러 보건소 가야 되잖아, 그래야 빨리 마스크 벗지..." 하고 말해 주었습니다. 아이는 다행히도, 알겠다며 고개를 끄덕이고 아무도 나오지 않는 마지막 순간까지 혼자서 등교했습니다.

이렇게 1년간 옆에 없었지만 나라를 위해 일한 엄마라며 자랑스러워하는 두 아들들, 아무리 늦은 새벽이라도 '끝났어요' 카톡 하나에 항상 데리러 와주던 24시간 대기조 신랑, 시간이 지날수록 딸의 얼굴에서 빛과 표정이 없어지는 걸 보며 밤마다 혼자 우신 친정엄마... 모두 너무 감사하고 미안합니다.

저의 몸과 마음은 시간이 갈수록 소진되었습니다. 전화벨에 대한 공포, 사람에 대한 공포, 이유 없는 우울감으로 눈물이 늘어가고, 웃음을 잃었으며 의자에 앉아 있는 것조차 힘들어졌습니다. 극심한 두통으로 진통제를 5개씩 먹고 화장실을 쫓아가 맹물을 토해내는 날이 늘어만 가던 날, 더 길게 오래 함께하기 위해서는 여기서 멈춰야 할 때임을 느꼈습니다. 그리고 지금은 고생하고 있는 동료들을 멀리서 지켜보며 응원하고 있습니다. 그저 끝까지 함께하지 못해 미안한 마음뿐입니다. 그들의 힘듦을 알기에 하루라도 빨리 코로나19가 이제 그만 끝내주었으면 좋겠습니다.

짧다면 짧고, 길다면 긴 1년, 많은 것을 느꼈습니다.

보건소 간호사로서 감염병 위기에 대해 생각해 볼 수 있었고, 풀어야 할 숙제도 생겼습니다. 2009년 입사 당시 신종플루를 경험하고 2020년 코로나19와 싸운 나는 다음에 찾아올 그 어떤 것이 매우 두렵지만, 분명 우리 보건의료체계가 새로운 인식으로 변화하는 기회가 됐으리라 생각합니다. 저는 다시 그 상황이 오더라도 같은 선택을 하고, 그 소용돌이 중심에 서 있을 것 같습니다.

의료인과 공직자라는 두 배의 무거운 사명감 아래, 오늘도 열심히 사투를 벌이고 있는 선배님, 후배님들에게 응원과 격려의 박수를 보내며, 하루빨리 쉼표를 끝내고 건강하게 돌아가겠다고 오늘도 생각합니다.

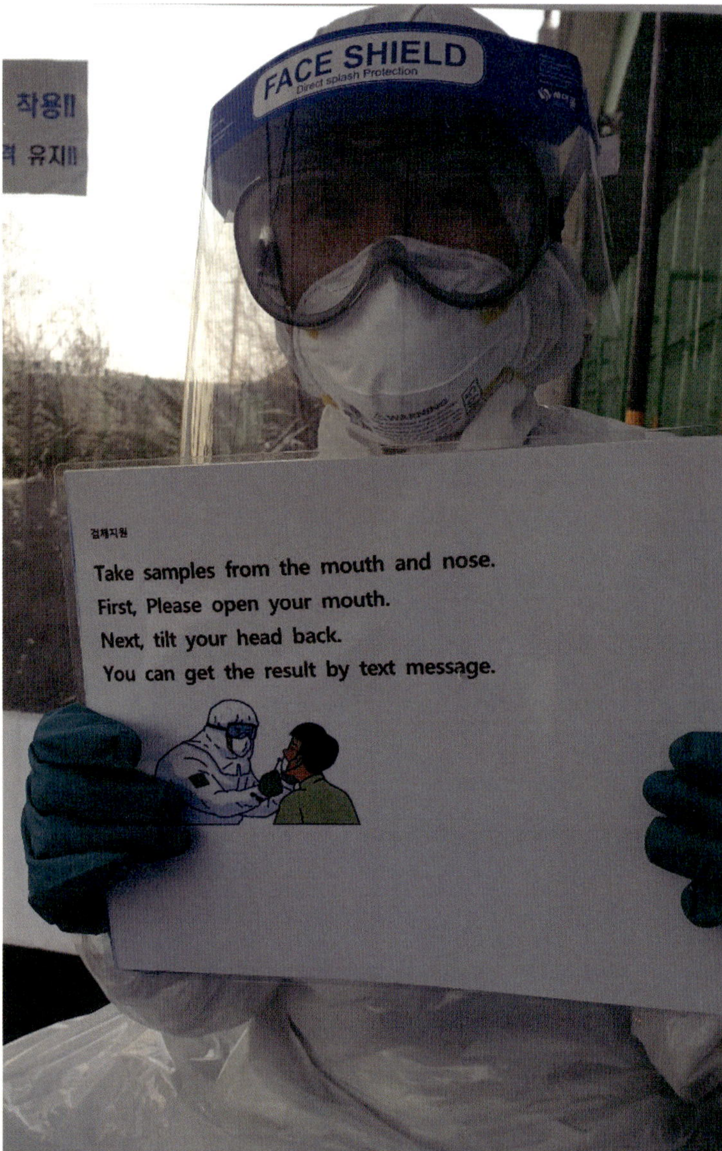

이하린 | 인제대 일산백병원

#코로나속_인도주의의_실천 #나로부터시작

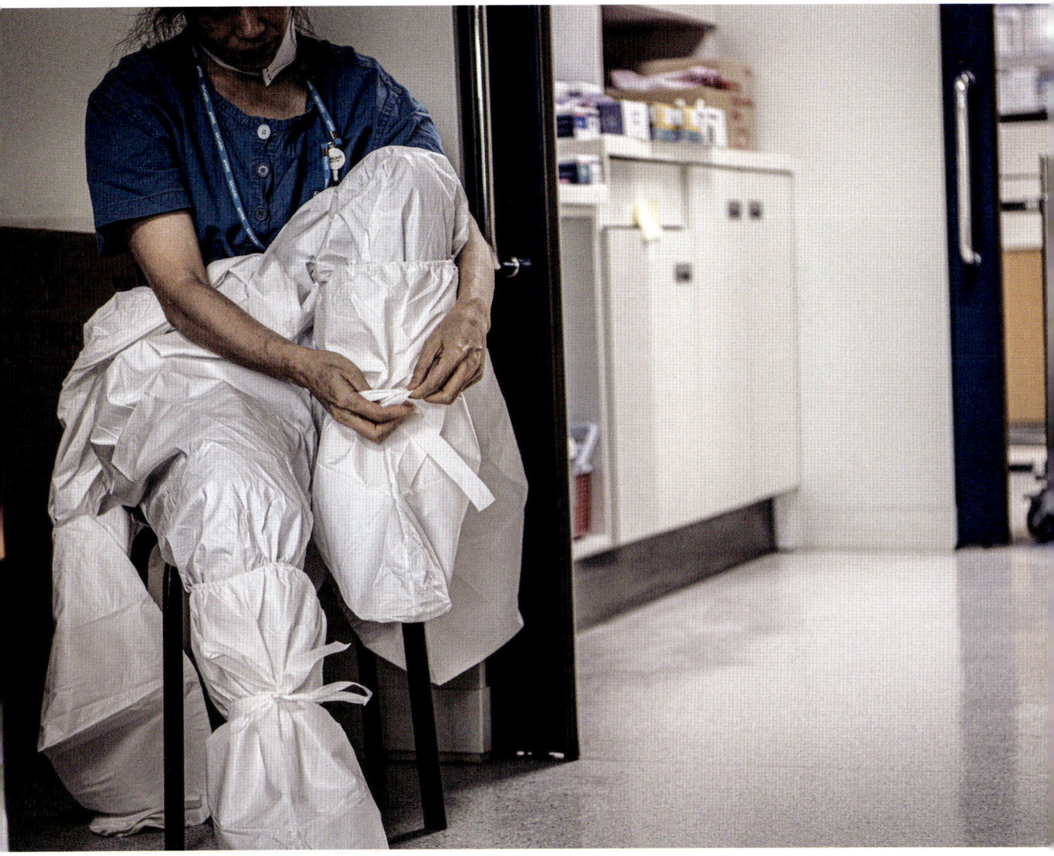

조대형 | 구로성심병원

#실습일기 #사투를앞두고

코로나19,
우리의 일생이 스며든다

최현지 | 은평성모병원

유난히 병원으로 향하는 오르막길이 길게 느껴지는 때가 있다. 바람을 타고 온 하얀 눈꽃이 창문에 잠시 쉬었다 갔을 때가 있었나 싶을 만큼 요란스럽게 비가 내리는 그런 날은 발걸음이 더욱 무거워진다.

오지 않을 것 같던 두 번째 여름이 왔다. 원내 확진자가 발생했던 작년, 실시간으로 수정되는 지침에 혼란스러운 순간도 잠시, 우리는 일사불란하게 각자 제 역할을 해내었다. 자가격리에 들어간 동료 간호사들의 자리를 메꾸며, 병원에 있는 환자들만큼은 그 빈자리를 느끼지 못하도록 간호했다.

그렇게 우리 병원은 코로나19 대응이 안정화되고 있었지만 전 세계적으로 코로나19는 더욱 거세게 맹위를 떨쳤고, 경험이 쌓인 우리 간호사들이 코로나19 대응에 적극 참여하지 않을 이유가 없었다. 이것이 내가 사계절이 지나 더운 여름을 다시 만나기까지 결코 짧지 않은 시간 동안 코로나19 환자들과 함께한 여정의 시작이었다.

우리의 일생을 간단하게 요약하면, 누구나 이 세상에 태어나고 자라 성장의 시기를 갖는다. 몸과 마음이 성숙한 성인으로 향하는 과정에서 함께할 동반자를 만나 결혼을 하게 된다. 그들은 생명의 축복을 맞이하고 양육하며 든든한 울타리가 되어간다. 거친 비바람을 막아주었던 그 울타리는 시간이 지나면서 낡고 닳게 된다. 그렇게 우리는 죽는다. 탄생부터 죽음에 이르기까지의 우리 일생은 나의 코로나19 여정에도 천천히, 그러나 빠르게 스며들었다.

첫 번째, 살인 미소 그녀

"오늘이 백일이구나. 축하해요. 기분 좋아서 아침부터 빵긋 웃어주는 거예요?"

새벽 5시, 다소 이른 아침부터 내가 하는 말을 아는지 모르는지 연신 웃어주는 그녀는 오늘 일생 한 번뿐인 백일을 음압격리병실에서 보내야 한다. 며칠 전 응급실에서 3개월 된 여아의 코로나19 확진 연락을 받았다. 내원 3시간 전부터 시작된 발열은 결국 아이를 이곳으로 올 수밖에 없게 했다. 다행히 수액과 항생제 치료를 받으며 호전되어 모두 한시름 덜 수 있었지만 백일을 격리병실에서 지내야 하는 것은 변함이 없다.

성인 환자만 주로 보았던 내가 생후 3개월 영아를 간호하기란 여간 힘든 일이 아니었다. 더욱이 아이를 두려워하는 나였기에 모녀가 있는 병실 문 앞에서 깊은숨을 들이 마시길 반복하며 혼자만의 다짐을 하곤 했다.

그날은 엄마의 엑스레이를 촬영하는 날이었다. 나는 처치를 하던 도중 방사선사 선생님께서 기계와 함께 병실에 들어오는 걸 본 즉시, 아이를 안고 화장실로 들어갔다. 아이는 자다 깨 하얀 방호복으로 무장한 날 보고 금방이라도 울음을 터트릴 것 마냥 인상을 찌푸리는 것도 잠시, 자신을 어르고 달래려는 날 눈치채기라도 한 듯 어김없이 미소를 보내준다. 그 미소에 나의 걱정은 무색해지고 그렇게 아이는 코로나19병동에 활기를 불어넣었다.

'백일잔치'를 먼저 언급한 건 수간호사 선생님과 담당 교수님이었다. 사비로 기저귀 케이크를 준비했던 수간호사 선생님에 이어 폐기될 걸 알면서도 딸이 입었던 옷을 갖고 왔던 호흡기내과 교수님, 일하는 틈틈이 풍선을 불고 아이의 이름이 적힌 가랜드를 만들었던 간호사들의 손길이 모여 모녀에게 추억을 선물하였다. 조용한 깜짝파티 뒤, 병실 밖 CCTV 모니터 속엔 애써 참았던 눈물을 훔치는 아이 엄마와 그날의 주인공이 있었다. 그렇게 우리는 한 생명의 탄생을 축복하였다.

두 번째, 305호 그녀와 306호 그

벽 하나를 사이에 두고 부부는 보이지 않는 마음의 대화를 한다. 세상에서 가장 멀리 떨어진 이 부부는 예정에 없는 이별을 하게 되었다. 불과 며칠 전까지도 각자의 음압격리병실에서 수화기 너머로나마 대화를 나누었던 그들이지만 그가 인공호흡기를 적용한 후로 둘의 대화는 들을 수 없다.

"저 양반한테 하고 싶은 말이 있는데… 지금 전화도 못 하고… 나는 곧 집에 갈 텐데 너무 걱정돼요… 아까 기계 알람이랑 남편 소리가 들렸던 것 같은데 혹시 그이 상태가 더 안 좋아졌나요?"

그녀의 질문에 난 쉽사리 대답할 수 없었다. 상태가 호전되어 그녀 앞으로는 퇴원 계획이 잡혔고, 더 이상 그녀는 벽을 타고 들리는 희미한 소리에 걱정과 안도의 롤러코스터조차 탈 수 없기 때문이다. 하고 싶은 말을 글로 적어준다면 그에게 전달하겠다는 나의 말이 끝나자마자 그녀는 거침없이 펜을 잡았다.

음압격리병실에서 나가는 모든 물건은 소독 후 3중 포장의 단계를 거쳐야 한다. 그녀의 진심이 담긴 편지도 예외는 아니었다. 삐뚤빼뚤 쓴 글을 보니 포장을 하는 나의 손은 느려지고 눈시울이 붉어졌다. '우리는 할 수 있어요. 당신은 강한 사람이잖아요.'

"아내분께서 편지 써 주셨어요. 듣고 계시지요? 천천히 읽어드릴게요."

옆 병실에 편지를 전달한 뒤 담당 간호사의 목소리를 통해 전달되는 그녀의 진심에 나의 가슴 한편 어딘가가 뭉클해졌다.

그녀의 말대로 그는 강한 사람이었다. 인공호흡기를 뗀 이후 차츰 산소요구량이 줄어들고 본인의 컨디션에 맞춰 꾸준히 운동을 하더니 퇴원에 박차를 가하였다. 분명 그날의 진심이 그와 그녀를 가장 강한 부부로 만들었던 것이 틀림없다. 그들에게 격리는, 병실 사이 가로막았던 이 벽은 전혀 문제가 되지 않았다.

세 번째, 토닥토닥해드릴게요

병실을 가득 채운 기계 소리에 나의 귀는 먹먹해진다. 고유량 산소요법(High Flow)에서 설정할 수 있는 최대 유량(Flow)과 흡입 산소 농도(FiO2)이다.

'더 이상의 인공호흡기 치료도, 심폐소생술도 원치 않습니다.' 연명의료중단(DNR)에 동의했던 그녀에게 해줄 수 있는 건 모니터 속 산소포화도에 맞춰 고유량 산소요법 설정값을 조절해 줄 수 있는 것뿐이다. 혼자 있는 것을 불안해하는 그녀이지만 가족 그 누구도 옆에 있을 수 없다. 대신 그녀의 곁엔 누구인지 알아볼 수 없는 하얀 방호복의 우리가 있다.

"여기 혼자 있으니까 좀 무서워… 그리고 자꾸 잠이 오네. 그런데 자면 안 될 것 같아서 못 자겠어…"

다가오는 마지막을 예상하기라도 한 듯 떨려오는 목소리에 난 그녀의 손을 잡았다.

"밤에도 못 주무셨잖아요. 제가 옆에서 토닥토닥해드릴게요. 조금 덜 무섭죠?!"

한참을 꾸벅이던 고개가 더 이상 움직이지 않더니 그녀의 두 눈이 스르르 감겼다.

침대 위 놓여있는 사진 속엔 그녀의 딸과 손녀가 활짝 웃고 있다. 얼마 전 연락을 받고 CCTV 모니터로나마 그녀를 보기 위해 병원으로 온 가족이 두고 간 사진이다. 얼마 가지 않아 그녀는 잠에서 깨 사진 속 손녀의 얼굴을 어루만지더니 나지막이 고맙다는 말을 전하였다.

며칠 뒤 우리 곁에서 그녀는 외롭지만 외롭지 않게 눈을 감았다. 뜨거운 햇살이 유리창을 뚫고 병실에 들어오던 그날의 우리는 어느 누구도 주저하지 않고 방호복을 입은 채 그녀의 마지막 곁을 함께 했다.

기약 없는 여정에 지쳐갈 때, 우리의 일생은 나에게 잠시 머무는 쉼터이었다. 줄어들지 않는 확진자 수와 잠잠해질만 하면 기승을 부리는 그놈에 맞서 마음을 다잡기도 여러 번이었지만, 쉼터에서 만난 그들이 주는 힘과 끈기로 지치지 않고 옳은 길로 갈 수 있었다. 아직 나의 코로나19 여정은 계속되고 있고 난, 그리고 우리는 모두의 목적지를 향해 달려가고 있다.

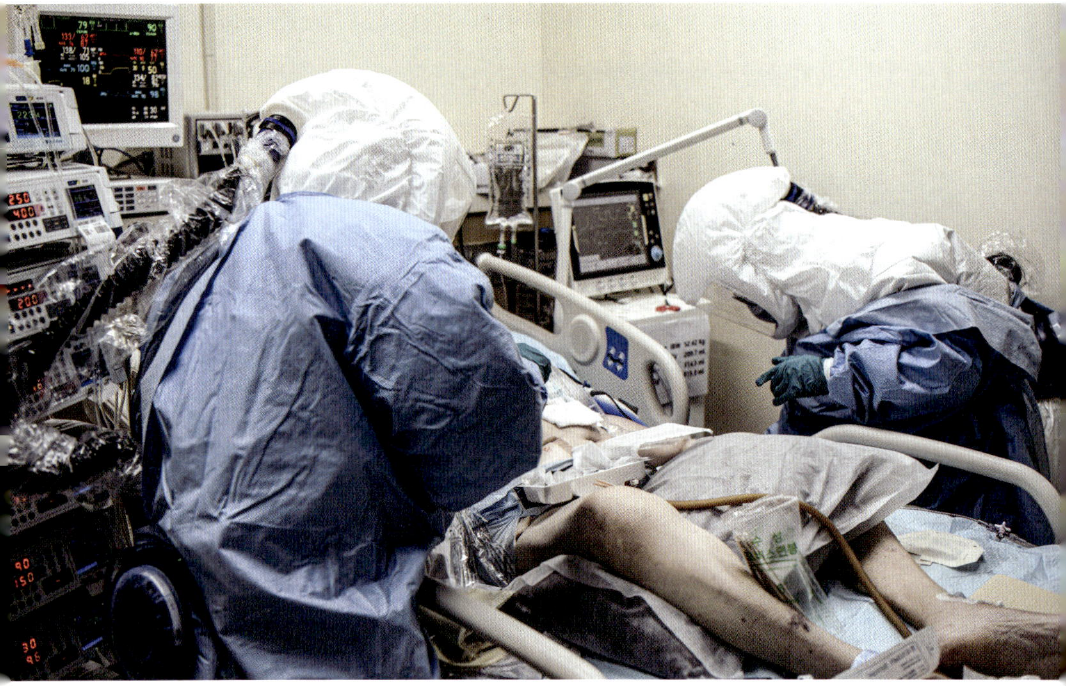

조대형 | 구로성심병원

#실습일기 #우리는간호사

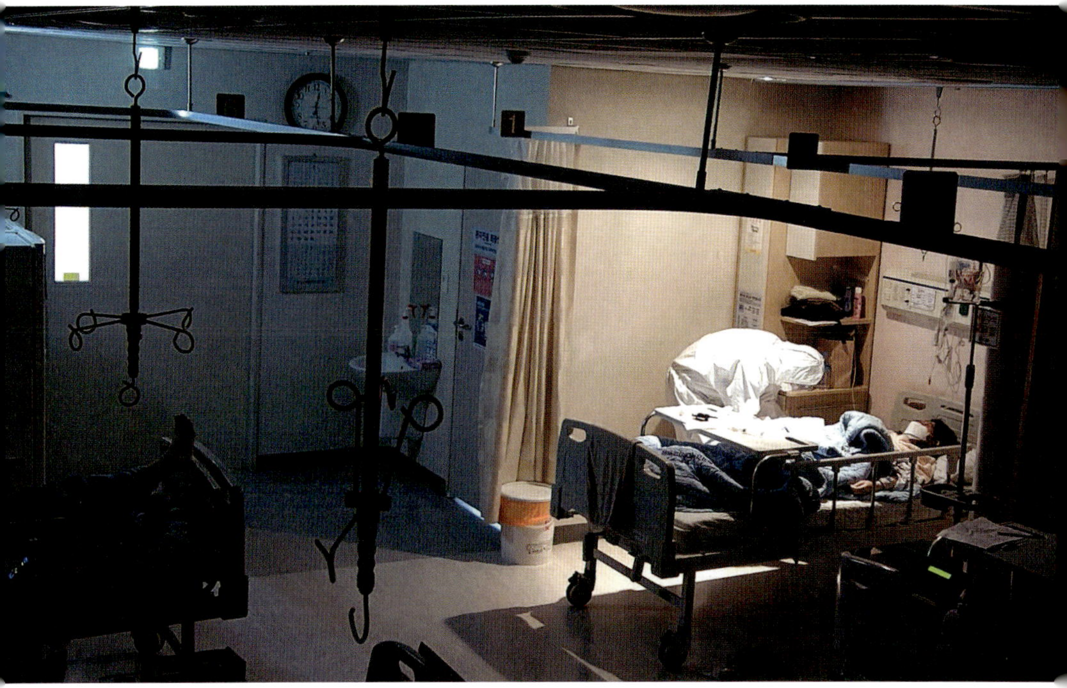

황영리 | 칠곡경북대학교병원

#코로나병동간호사로_일한다는것은

#코로나19_위기에서 #고군분투_중인 #간호사

김홍식 | 대구보훈병원

김홍식 | 대구보훈병원

#코로나19_위기에서 #고군분투_중인 #간호사

코로나 영웅,
대한민국을 간호하다 2

초판 1쇄 발행 2022년 8월 31일

발행인 신경림
발행처 대한간호협회
기획·제작 도서출판 지누
표지일러스트 오영준 간호사

출판등록 1962년 7월 13일
등록번호 제2-202호
주소 (04615) 서울특별시 중구 동호로 314
전화 02-2206-1930, 1931
팩스 02-2206-2559
홈페이지 www.koreanurse.or.kr
인쇄·제본 갑우

값 15,000원

대한간호협회
Korean Nurses Association

ISBN 978-89-5882-177-9 (93510)